藏学专家讲座精选

第一辑

增宝当周　杨毛措　编

中国藏学出版社

前言

在“985”和“211”大学建设项目中，国际交流是一个非常重要的环节，因而中央民族大学藏学研究院组织的国际交流活动也得到校领导和有关部门的大力支持。在2006—2017年本人负责中央民族大学藏学研究院工作期间，从两个方面做了一些国际交流方面的工作，即“派出去”和“请进来”：“派出去”包括老师和学生，公派年轻教师做访问学者，基本上都是中央民族大学长期执行的项目，年轻教师们受益匪浅；派出学生方面，包括国家留学基金委资助的高水平交流项目，研究生和本科生校级交换生项目，还有向东欧国家派出一些研究生和本科生，有些是攻读学位的学生，也有一些是短期学习，这些活动在学生当中反映很好，他们觉得非常受益。但是，派出去的学生毕竟还是少数，直接受益的学生非常有限，无法让大多数人受益。为此，我们采取了“请进来”的办法，让绝大多数在校的学生零距离接触国际学术大家们，学习他们的研究方法和手段，了解他们的研究方向和研究趋势，分享他们的学术研究成果。我们先后邀请了法国国家科学研究中心的卡尔梅·桑丹坚赞和马修·卡普斯坦，美国哈佛大学的杰妮特·嘉措和范德康、弗吉尼亚大学的大卫·杰玛诺，法国巴黎大学的查尔斯·然博，日本国立民族学博物馆的长野泰彦，英国剑桥大学的海德格尔·蒂姆伯格、牛津大学的乌瑞克·洛斯勒，美国纽约喜马拉雅艺术中心的杰夫·沃特等国际著名藏学家，也有像日本的三宅伸一郎和奥地利的凯塔琳娜等几位后起之秀，先后一共邀请了几十位国外学者。这些学者研究的领域非常广泛，有历史、宗教、语言、文化、艺术等。为了让藏学研究院以外对藏学感兴趣的师生也能够聆听这些大家的学术讲座，藏学研究院组织人力将这些学术讲座翻译成汉语，以便更多的人能够从这些学术活动中受益。除了极个别讲座以外，为这些国际学术大家们担任学术翻译的人员都是藏学研究院的老师和研究生，他们尽心尽力，认真准备每一场讲座的翻译。这些讲座活动，不仅分享了专家们的研究成果，而且也锻炼和培养了藏学研究院一批年轻教师和学生的藏汉、英汉翻译能力。现在，杨毛措和增宝当周两位老师又不辞辛劳，逐字逐句地记录和整理这些讲座内容，形成了中央民族大学藏学研究院的第一部讲座文本，并且用藏汉两种文字出版，再一次扩展了这些珍贵学术讲座的受益范围，与更多的读者分享这些国际藏学界的研究成果。随着改革开放的进一步深入，双一流大学建设项目的进一步推进，国际交流工作也必将走向新的阶段，希望中央民族大学的国际学术交流能够使更多的老师和学生，还有社会人士受益。愿中央民族大学办得越来越好！非常感谢为这些讲座的记录、整理、翻译和出版作出不懈努力的老师和学生！

才让太

2018 年 11 月 5 日于北京

目　录

最新发现的西藏苯教手抄本文献

主 讲 人：卡尔梅·桑丹坚赞　教授

主 持 人：才让太　教授

讲座语言：藏语

翻　　译：才旺拉姆　教授

时　　间：2010 年 9 月 20 日 19：00—21：00

地　　点：文华楼西区二层学术报告厅

主持人：大家晚上好！这次我们有幸邀请到了国际知名藏学家卡尔梅·桑丹坚赞先生，他千里迢迢从法国坐了十五六个小时的飞机来给我们做讲座，这将对我们的学科建设的加强和研究水平的提高有非常大的帮助。对此，我代表藏学研究院的所有师生向教授献上哈达以表欢迎。在接下来一个月的时间里，我们在每周一和周四晚上的同一时间安排了讲座，讲座地点因每星期要审批，所以会在每周的讲座公告栏里通知。今天举行的第一场讲座题目是《最新发现的西藏苯教手抄本文献》。我们掌声有请卡尔梅教授开始讲座。

主讲人：扎西德勒！我已很多年没来北京，在这儿向各位老师和同学们送上真切的问候。正如才让太老师所言，今天我要讲的主要内容是关于山南地区一座塔中出土的苯教文献。讲座内容分为两个部分进行：第一部分讲有关古藏文文献的总体情况，第二部分讲山南噶唐蚌巴奇佛塔出土的古藏文文献。

西藏的一些宗教和教派，尤其在苯教和藏传佛教宁玛派中有大量伏藏品和大批掘藏师，而伏藏是除藏传佛教外，世界其他宗教所没有的。因此，这是藏传佛教的一种独特文化特征。整体来讲，伏藏文献有藏传佛教宁玛派和苯教两种不同的传承。

宁玛派认为，伏藏产生是由于莲花生大师入藏传扬佛法时，发觉当时藏族人不懂佛法，以及当时有些传法的因缘尚未成熟，所以在离开西藏前，将很多教法等文本埋在不同的地方从而变成了伏藏。然而，苯教则认为，公元 8 世纪佛苯之争后，在吐蕃赞普的授意下苯教遭遇了毁灭性打击，抵制苯教，禁止人们信仰苯教，因而很多经典被迫埋为伏藏。那么这个现象是何时出现的呢？正如上述所言，历史文献记载是公元 8 世纪。到了佛教后弘期，也就是大约公元 11 世纪开始出现了多位掘藏师。在掘藏师出现的具体时间上各教派说法不一。宁玛派的首位掘藏师大约出现于公元 10 世纪，苯教掘藏师大约出现于公元 10 世纪末。至于他们为什么被称为掘藏师呢，是因为他们发掘了古文献，而那些文献被认为是当年埋下的伏藏品。

如果那些伏藏是埋在地底下的实物，那么如今我们应该是能够找得到或看得着的，而如果是能看得见的东西，那我们可以通过纸张的新旧、纸上的字体及内容来辨别其真假。然而，公元 10 世纪前的古文献我们很难见到。敦煌文献属于 11 世纪前的文献。为什么说敦煌文献很古老，原因是如今我们很难读一遍就能理解其内容，从语言来看，敦煌文献到现代藏语已经发生了很大变化。同样，吐蕃时期的很多石刻碑文和敦煌一带发现的简牍也是一样的。那么，我们所看到的敦煌文献和石刻碑文以及敦煌简牍上的文字等谁也不会怀疑不是古藏文。但是，我们所说的是伏藏文献，例如，我们现在所知道的是《玛尼全集》。那么我们应该怎样去鉴别呢？主要还是通过其主要内容、叙述方法和语法结构等来区分什么是古藏文文献。而我们所说的《玛尼全集》相传是由松赞干布所著，但我们现在去阅读并不难理解，且与现代藏语无明显差别。

接下来，我讲第二部分内容，即西藏山南地区发现的古藏文手抄本文献，这些文献出土于西藏山南措美县一个叫噶唐的地方。从拉萨向南是洛扎东部和措美地区，再向前就是达木协（གདམ་ཤུལ）地区，这个地方今天叫噶唐。文书被保存在噶唐的一座佛塔塔身中，这座佛塔的名字叫作“蚌巴奇”。它不是一座苯教佛塔，目前我们还没有考证出是谁修建的。

桑耶寺有四座佛塔，分别是东边的绿塔、北边的红塔、西边的黑塔和南边的白塔。在藏文宗教历史文献中《巴协》算是年代最久远的，《巴协》记载有当时灭苯的时候把很多苯教文书埋藏在黑塔底下的说法，另外有些文献还被扔到了河里。然而，在大多数苯教历史文献里只有苯教文献埋藏于红塔之中的说法，很少提到埋藏在黑塔中。这四座佛塔在“文化大革命”时期遭遇破坏，因此，很难断定黑塔里面是否藏有文书。

尽管藏传佛教历史上记载着在佛塔、破旧的神庙或岩洞中发现了很多伏藏。但是，宁玛派伏藏一般被埋藏于神庙和佛塔当中，苯教伏藏则多藏于岩洞、佛塔、山顶等较为偏僻的地方。这样的话，我们就可以区分出伏藏和噶唐蚌巴奇塔出土的手抄本之间的差别。

古文献的发现并不仅仅局限于藏地，世界其他地方也有类似发现。例如，基督教的《死海古卷》（*The Dead Sea Scrolls*），它是在干湖旁边的洞穴中发现的一些瓦罐里储藏的羊皮书卷，这些古书中记载了基督教的《圣经》（*Bible*）里没有的内容。所以，其他民族宗教的人们也是非常珍惜古文书的。对于西藏出土的伏藏文书来说，它不像基督教的《死海古卷》，不是一两本，而是几千几万本。但是到目前为止，很多掘藏师发现的伏藏文书里我连一张都没有看到。对于这个问题有几个不同的说法，藏地这些掘藏师被认为是莲花生大师徒弟的化身，所以他们在掘藏时知道伏藏文书被埋藏在哪里，因而可以掘藏出来。一般情况下，发现了伏藏后不能马上公之于众，必须收藏几年后才能公布。因此，现代藏学家们处于一种难以确定伏藏到底指什么的状态。有些学者认为，很多伏藏并不是掘藏师自己所发现的，而是自己写的，即掘藏师利用其转世身份回忆前世而自己撰写的。

目前噶唐地方发现的这座佛塔，大概在公元 20 世纪 40 年代被英国人黎吉生（Hugh Richardson）拍摄过，因为当时他在拉萨，他从拉萨到山南后发现了这座佛塔并拍了照片。在这张照片中，我们能看到未修缮之前的佛塔原貌。万幸的是，这座佛塔没有被彻底损坏，而修缮之后的样貌我们在新拍的照片当中就能看到。今天我们所讲的古藏文手抄本大多数人认为出自旧塔宝瓶部分，旧塔宝瓶中供奉经卷、法物等。当时发现时由于这些文书绝大部分被盗贼所偷走，或者被风刮走，或埋于沙土中等原因，很多内容不同的文书都混在了一起。

山南地区文化局的罗布次仁在修复这座佛塔时发现了这些古文献。当他发现时文书都被泥沙盖住了，看似没办法整理。当时还发现了《八千颂》的金粉残片。当时佛塔的装藏品经卷等纸张到处散落着，罗布次仁一张张地整理时，在一张残卷上看见了写有“敦巴辛饶米沃齐”几个字。他看到这些文书和纸张与其他文书不同时感到非常惊讶。至于他为何对此给予重视，是因为罗布次仁在成都学习时，了解过关于藏传佛教四大教派和苯教方面的知识，所以他可能意识到了这些文书的价值。他认为装藏品和经卷与我们平时所看到的文本差不多，但是他这次发现的这些苯教文献，无论是用字遣词，还是语法现象跟我们现在所看到的文献大有不同。因此，罗布次仁觉得这些文献有可能是吐蕃时期的文献，就给上级部门写报告汇报了相关情况，询问抢救及保护措施。于是，西藏自治区委派社科院的巴桑旺堆，请他鉴定这些古藏文抄本的价值和年代。

后来罗布次仁和巴桑旺堆合作，把出自这座佛塔的四部文献汇编成册出版。该批藏文文献从字体书法、内容形式和纸张的新旧等方面都颇为接近敦煌古藏文文献。另外，与噶唐蚌巴奇相似的佛塔在山南地区还有不少。例如，附近就有一个叫作“十日壶”的宝塔，该塔在一座神山上，山上有一个闭关隐修处，叫玛悟觉（སྨ་བོ་ཅོག）。宝塔正好在隐修处东边。而这个闭关隐修处据说是娘·尼玛沃色的修行地，那佛塔应该是他的灵塔。这儿我为什么要提到他呢，是因为有人认为，噶唐蚌巴奇塔的建造者是娘·尼玛沃色。如果是他所建造的，那么其年代就是12世纪初。也有人认为，噶唐蚌巴奇塔的建造者是噶举派的喇嘛帕木竹巴多吉杰布。如果是帕木竹巴修建了佛塔，其年代则是他所生活的11世纪。

现在我们探讨的目的是为了弄清楚到底是谁修建了这座佛塔，进而去推测塔中出土文献的年代和该塔距今有多少年历史等信息。因此，如果不能确定佛塔的修建年代，也就无从考证这批文献的产生年代。如果能确定纸张年代也许对佛塔年代颇有裨益。我们最好能用今天的科学技术对纸张进行研究，但是今天我们还没有这个条件。

佛塔位于措麦地区的河谷一带，该塔出土的古藏文写本是怎样呢？上面写有“辛饶说”，即敦巴辛饶这样说的意思。这应该是罗布次仁所看见的“敦巴辛饶米沃齐”几个字眼。如果研究过敦煌文献，或是熟悉敦煌古藏文文献的人，一看就知道这是古藏文的语体风格。

幻灯片上所展示的是保存在法国的敦煌古藏文文献中的一张，也是一部在敦煌石窟发现的苯教历史文书，这部历史文书记载了吐蕃第一代赞普聂赤赞普从天界下凡入主人间的故事。有趣的是，这部文书记载的是吐蕃“苯教”赞普。幻灯片上的这张图片是另一本敦煌出土的苯教文献，这是两页不同的敦煌文献，大家可以跟噶唐蚌巴奇出土的古藏文文书作一番比较。

如果科学地考证一部文书，首先要考证其年代。我们刚刚提到的敦煌文献里的有些文书记载着苯教最初出现在西藏的字眼，尽管国外一些学者认为在11世纪以前没有出现过一个叫苯教的宗教。因此，我们在研究时，在没有见到实物证据之前断定某一件事情是很难的。目前的科学研究工作中，猜测占的比例比较高，很难从科学层面去承认。

当我们发现古文献时，应该多做考察研究。无论是伏藏、掘藏师，都还缺少进一步的研究考证。通过研究能够发现与先前宗教教义有出入的地方。但是这种情况不仅发生在藏地寺庙和僧人当中，其他地方也有类似的情况，例如基督教的教义就提到耶稣诞生的时候是没有父亲的。同样，宗教与神话传说通常会被掺杂在一起，很难从科学层面去认同历史。因此，存在讲起藏地的伏藏时会有像神话故事一样的现象。

对于我来说，到目前为止，我没见过伏藏中的一张纸，但不能由此断言伏藏根本不存在。有些伏藏可能就是因为空行刹土文字的一行字，伏藏大师就会在心里显现出完整的伏藏内容而写了两部书。当掘藏师找到了一句话或者一个提示，根据得到的开示，立即会从心里显现出当时的所有灌顶和传承内容，然后轻车熟路地写下来。有时仅仅依靠一两个字的信息，就可以写出两三本甚至七八本书。但是，这些写本和今天所讲的苯教文献是完全不同的。从古藏文文献上体现的藏族人自己的思想观念来看，噶唐蚌巴奇塔发现的这些古书应该是8世纪左右产生的。

那么什么是藏族人自己的思想观念呢？佛教教义都是从印度梵文翻译过来的。例如大藏经《甘珠尔》和《丹珠尔》都是在公元8至9世纪时从印度梵文翻译成藏文的。而这些书是印度人写的。因为是印度人写的，所以体现的是印度人的思想观念。我们在阅读《甘珠尔》和《丹珠尔》时里面讲到的房屋建构也好，民族习俗也好，都能很容易察觉到体现的是印度人的思想观念。而从噶唐蚌巴奇宝塔发现的古藏文写本，我们就能看到藏族人自己的思想观念。

了解藏族自己的思想是非常重要的。藏地有个藏民族，必定就有藏民族的思想。就这个古文书来说，记载的是人死了以后怎么举行丧葬仪轨，其灵魂去向何处等内容，这些藏族人的思想观念跟佛教的思想是完全不同的。神名、人名、家族名的叫法都跟佛教的叫法不一样。因此最近这些年，很多学者在寻找和考证藏族人自己的思想。我们在《甘珠尔》和《丹珠尔》里很难找到藏族人自己的思想。那我们能够在什么地方找到呢？在藏族本土著作中，尤其在苯教经典里才能够找到这些思想。

我们应该明确在做藏学研究时，首先应该研究的是藏族人的思想，然后把这个思想推到历史的某一个年代。我们能够从这座佛塔出土的古藏文文献中找到藏族人的思想，但考证这座佛塔的修建年代是较为困难的。我们发现的其他古文书，随着时代的变迁，文书的内容肯定也会有变化。为什么说噶唐蚌巴奇出土的文献可信度就高呢？这是因为从装藏起到发现为止没有人碰过这些文献，不像其他文献会有人为改动。这些文献与敦煌文献相同，从埋藏到发现为止，没有被人动过。

我的观点是，西藏并不是没有古文书，但是经过人人相传、代代传抄以及语言本身的变化，文本本身也发生了变化，而噶唐蚌巴奇出土的这批文献并没有完全改变。如果没有这种文书，我们在研究历史时就很难追溯到11世纪之前。

以前的很多教法史也好，王统史也罢，有些人物很难分辨是人还是神，非常混乱。比如，松赞干布被说成是观世音的化身，同时在历史上他又是一个骁勇善战的真实人物。然而，伏藏文本《玛尼全集》

里松赞干布是作为观世音的化身来当赞普的，教法史把他神话化了，神话了以后就很难相信他是一个活生生的人。

噶唐蚌巴奇发现的这批古藏文文献不像其他史书，没有被人为改动过。写教法史的基本上都是佛教徒，他们写历史的时候出发点是信仰，带着主观意识写，而单从信仰的角度去撰写历史是难以服众的。噶唐蚌巴奇古藏文文书中写的是宗教，不是历史。写教法史的人，因为他是神职人员，所以难免把个人信仰放在首要位置。因此他们在写教法史的时候，把神话故事和历史混杂在一起的情况尤为常见。敦煌古藏文文献和噶唐蚌巴奇古藏文写本所记载的是当时发生的事情，因为是在当时写成的，所以我们研究历史的时候其可信度就很高。

主持人：在座的各位老师和同学有问题的可以向教授提问，还有一点时间，大家把握好这次机会。

问答环节

问：老师，我先后去过两次噶唐蚌巴奇，那儿有很多苯教和佛教文献，文献的书皮、尺寸，尤其书写形式的变化和纸张本身有很多考察的地方。我的问题是在这些文献中选择苯教文献的原因是什么？另外，当地民众都说是娘·尼玛沃色修建了噶唐蚌巴奇佛塔，对此您有什么看法？

答：好，我对你的问题作个简单的回答。至于蚌巴奇佛塔里有苯教文献的原因你也讲到了，我认为这很重要。我在前面讲到该塔的修建年代到目前还不能确定，建塔者有娘·尼玛沃色和帕木竹巴多吉杰布两种说法，如果是娘·尼玛沃色，是 12 世纪初；如果是帕木竹巴多吉杰布，可以追溯至 11 世纪。实际上娘·尼玛沃色是该塔建造者的这个说法只在山南当地民众比较普遍，我在有关书籍里还未找到，当初那个英国人拍照时有听说过。

众所周知，娘·尼玛沃色是 12 世纪人，我读过的帕木竹巴传记里没有出现他在山南建造过一座佛塔的记载。至于噶唐蚌巴奇由帕木竹巴所建的说法在一位加拿大华人写的《藏地志》里有记载，后来有关藏地的另一个游记里也提到该塔的建造者是帕木竹巴。但我读过的帕木竹巴传记里没有这样的记载，也有可能是另一部传记，所以现在很难确定建塔者是谁。

关于佛塔的装藏品，不仅有经书，还有很多佛像，大多数是佛教文献。至于噶唐蚌巴奇塔里有很多苯教文献的原因很难说清楚。在藏族传统上，佛塔里供奉舍利、佛像、擦擦等很多装藏品，所以在不丹就出现了很多偷盗事件，因为塔里装了很多珍贵物品，所以有人夜访佛塔，损坏塔身去偷里面的东西。另一个原因是，佛教徒建立的很多佛塔，其一种是镇压塔，有镇魔塔、镇妖塔等。在藏地，镇妖塔一般在出入村落的路口。如果噶唐蚌巴奇是一座镇魔塔，也有可能装苯教文献，这是一种解释。噶唐蚌巴奇古藏文写本被发现的时候，由于当时没有照相或画图，所以苯教文献具体在塔的哪个位置我们不得而知。一般考古时，这些都会作详细的标记。这些苯教文献的具体位置没有详细标记，因此我猜测如果藏在佛塔底下的话，可能是为了打压苯教。但是罗布次仁说是在宝瓶位置找到的，虽没有标记但看似的确是这样的。因为当时修缮佛塔时，塔底没有被挖掘，所以可以排除文书被埋葬在佛塔底下的可能。对于你的问题不能给予确切的回答，因为没有相关依据。

问：老师您好！我有两个问题。第一个问题是《玛尼全集》里记载松赞干布逝世后预言说某位赞普时期佛教会繁荣兴起，又在某位赞普时期衰败，在其后的藏地分裂时期又会复兴等内容。那么松赞干布真有这样的先见之明吗？第二个问题是老师您讲过在《甘珠尔》和《丹珠尔》体现的是印度人的思想观念，苯教文献中有藏族人的思想观念。然而，在赞普赤松德赞时期的灭苯使很多藏族思想毁灭于此。如果是这样，赤松德赞时期灭苯是否意味着那时的藏族人的思想很落后？谢谢。

答：好的。第一个问题是关于佛教预言的内容，至于预言类的问题在现今科学上很难承认，但是自己去信仰当然是可以的，但是从科学层面去解读是很困难的。例如，说在《文殊根本续》（འཇམ་དཔལ་རྩ་རྒྱུད）里记载了很多吐蕃赞普的名称，好像是一个预言。但是事实上那些都是尼泊尔国王的名称，而不是吐蕃赞普的名称。那么那些教法史有什么用呢，我认为对历史时间是有用的。在某个预言中说未来会出现某一个人的时候，产生预言的时候那个人应该是存在的，所以研究预言是非常有用的，但无法承认预言就有先见之明。关于第二个问题我认为，一个地区如果传入新的宗教，旧的宗教必定会反抗，在西藏赤松德赞时期产生过很多争论，比如在不同宗教之间和不同派别之间。当时也有信仰者和不信仰宗教的人，这些都不是好与坏的问题，当下也有宗教派别之间的争端。

问：在蚌巴奇佛塔出土的文献为什么是苯教文献？只是因为藏文后加字“ད”“ན”、声母“ཞ”和“ཤ”出现替换的情况吗？除了这个特征，还有没有更多的原因认定这是苯教文献？

答：“敦巴辛饶”（སྟོན་པ་གཤེན་རབ）这个表述本身可能是一个错别字，因为“ཤ”跟“ཞ”是可以替换的，但是同一本书它还是写了“ཤ”。为什么说这是苯教文献呢？因为古书记载了很多佛教典籍没有记载的关于人死之后灵魂的去处以及丧葬仪轨等内容，这些不是佛教教义。

主持人：卡尔梅教授是国际知名藏学家，他的讲座对我们来说是一个很珍贵的学习机会。后面还有几场讲座，希望大家能来。扎西德勒！

与拉喇嘛谕书有关的苯教

主 讲 人：卡尔梅·桑丹坚赞　教授

主 持 人：才让太　教授

讲座语言：藏语

翻　　译：次仁达瓦　讲师

时　　间：2010 年 9 月 23 日 19：00—21：00

地　　点：文华楼西区二层学术报告厅

主持人：今晚的讲座是卡尔梅教授的第二场讲座。卡尔梅教授在国外对与拉喇嘛谕书有关的内容进行过多次学术报告。今晚以这个为话题进行讲座。大家掌声欢迎。

主讲人：各位老师、同学，扎西德勒！今晚的讲座本来是给研究生准备的一场有关西藏历史方面的讲座。起初是专门给研究生内部小组讨论而准备的，但最后我们改变了主意，改成了开放式讲座。今天我主要谈论的是藏族历史上的一位古格王朝国王。公元 840 年，吐蕃王朝末代赞普朗达玛灭佛，从而导致吐蕃王朝全面崩溃。从朗达玛至拉喇嘛益西沃将近过了两个世纪。拉喇嘛益西沃是吐蕃王室的后裔，而涉及他的历史文献比较少。1980 年我写了有关拉喇嘛益西沃的第一篇论文，当时还没有最近几年发现的这些新的参考资料。我之所以研究拉喇嘛益西沃是因为这位古格王朝国王在整个藏族历史中占有很重要的地位，尤其在传播藏传佛教方面，他的历史地位不容忽视。

最重要的原因是朗达玛灭佛之后，拉喇嘛益西沃想到要复兴佛教。他在位期间，出现了很多违背佛教教义的修行方式，特别是大圆满法和苯教极为流行。大圆满法具有与其他宗教修行方式不同的特征，有点像日本的禅（Zen）和中国的禅宗。这种修行方式认为成佛需要通过内心而不是依靠外界来获得，只有通过认识心的本质才能成佛。除了佛教之外，在藏地流行的宗教是苯教，苯教当中有敬天、地、水、风的习俗，而拉喇嘛益西沃就怀疑大圆满法与苯教的修行方式是否符合正统的佛教教义。佛教续部包括多种修行方式，很多人没有真正了解密宗的续（རྒྱུད），只是通过其字面意思来了解密宗，所以这位国王就认为这些修行方式不是正宗佛教。拉喇嘛益西沃为了证实流传在藏地的密宗教法是否正宗，派遣了二十多位年轻僧人赴克什米尔地区学习梵文和佛法。拉喇嘛益西沃生于公元 947 年，卒于公元 1024 年，当时由于吐蕃王朝解体后戒律传承也随之消失，所以没有堪布或大师给他授戒，于是他在佛像前自己剃度受戒。在没有出家之前他就将国政交托给他的大哥打理，并给自己取法名为益西沃。这位国王在整个藏传佛教史上是一位很重要的人物。

1977 年，我在宁玛派一位上师的文集中找到了拉喇嘛益西沃的谕书，这份谕书中记载了当时密宗的各种修行方式。一般情况下佛教是忌杀生的，而当时流行人死后把动物当作陪葬品，这与藏族历史上赞普死后殉葬许多动物的风俗是一脉相承的。此外，还出现了“双修”（སྦྱོར་བ）等多种修行方式。从拉喇嘛益西沃的这份谕书中可以窥见当时社会佛教整体流行的状况。然而，西藏社会上专门记载当时藏族人思想观念和信仰形式的历史文献很少，所以这份谕书显得尤为珍贵。除了在拉喇嘛益西沃的谕书中可以了解 10 世纪的社会状况和宗教形式，在其他历史文献中还未找到相关内容。

一般的藏族宗教历史除了记载拉喇嘛益西沃的丰功伟绩外没有提及他的谕书及其相关内容。谕书的内容，我是从宁玛派上师索堆巴罗追坚赞（སོག་བཟློག་པ་བློ་གྲོས་རྒྱལ་མཚན，1553—1624）的文集里，对他以四句为一首的方式引用及批判的谕书的内容中一字一句整理出来的。其谕书本身比批判更具参考价值。宁玛派的上师索堆巴（སོག་བཟློག་པ）之所以给予批判，是因为他认为拉喇嘛益西沃是在反对藏传佛教。我认为这份谕书是拉喇嘛益西沃在世期间所写的历史文书，对了解当时的社会历史非常重要，因此我把这份文书翻译成了英文。一般我们讲的历史文书大部分是在事件发生两三百年后写的，事件发生当时所写的历史文书少之又少。在我发表这篇论文的16年之后，出现了一些新的有关拉喇嘛益西沃的文献。第一份是在印度出版的叫作《阿里王统记》(མངའ་རིས་རྒྱལ་པོ) 的文献，是一份其他图书馆中无法找到的非常稀有的古文献，作者是古格大堪布阿旺扎巴（གུ་གེ་མཁན་ཆེན་ངག་དབང་གྲགས་པ）。他是宗喀巴（1357—1419）大师的弟子，因此可以断定阿旺扎巴是15世纪的人。在《阿里王统记》中记载了有关拉喇嘛益西沃谕书的零星内容。除此之外，在哲蚌寺的经堂里发现了第二份有关拉喇嘛益西沃的历史文献——《拉喇嘛益西沃广传》，作者是白桑扎巴坚赞（དཔལ་བཟང་གྲགས་པ་རྒྱལ་མཚན)，但是目前还无从得知他的生卒年代。最近发现的第三份文献是由止贡寺拉赛贡曲坚措（ར་སེ་དཀོན་མཆོག་རྒྱ་མཚོ) 发现的有关拉喇嘛益西沃的文献，刊登于2004年的《西藏研究》。他发现的这份文献有七段，拉赛先生用“ཀ་ཁ་ག”来分段，与之前的谕书有不同之处。这份文献主要记载了拉喇嘛益西沃是怎样兴建寺院及其施主怎样皈依等情况，较之前的《阿里王统记》和《拉喇嘛益西沃广传》两份文书年代更久远，而且很有可能这两份文书都参考了拉赛先生发现的这份文献。因此，这三份文献对以后有关拉喇嘛益西沃的研究是不可或缺的资料。

一般情况下，佛教徒撰写的教法史中把拉喇嘛益西沃描写为为弘扬佛法作过贡献的英雄人物形象。例如，一部历史文书描写拉喇嘛益西沃在征战过程中被信仰伊斯兰教的噶罗人俘虏而关进狱中，并且强迫他放弃信仰佛教而改信伊斯兰教，说如果这样做就可以出狱，但他没有屈服于敌军的威胁，所以被继续关在狱中。因此，在很多宗教历史文书中都描写拉喇嘛益西沃为了维护和弘扬佛教死在了监狱中，但是与拉喇嘛益西沃处在同一时代的大译师仁钦桑布的传记《大译师仁钦桑布传》（ལོ་ཙྪ་བ་རིན་ཆེན་བཟང་པོའི་རྣམ་ཐར）中记载，拉喇嘛益西沃不是在狱中去世的，而是在他所修建的托林寺（མཐོ་ལྡིང་མགོན）里病逝的。很多教法史当中有关拉喇嘛益西沃的历史或传说记载得比较多。正因如此，拉喇嘛益西沃在藏传佛教历史中占有很重要的地位：一是因为他吐蕃赞普后裔的身份，二是他放弃了功名利禄出家为僧，并在10世纪初期建寺传法，开启了藏传佛教的后弘期历史。

主持人：这期的讲座分为两个部分，有四场讲座是开放式讲座，另外四场是专门给研究生内部准备的。但这样，对本科生和其他来听讲座的人不太方便，所以八场讲座里，四场以教授讲授为主，另四场围绕研究思路和方法进行。在时间安排上一半是讲授时间，一半是提问交流时间。现在各位有问题的可以提问。

问答环节

问：首先非常感谢老师这次的讲座。您在前面讲到的苯教是否归属于佛教，或从道、果、法（གཞི་ལམ་འབྲས་གསུམ）的角度来说苯教是否为佛教的支派，又或者苯教是一支独立的教派等方面，老师有何看法？

答：一般有内道和外道之分。从佛教观点来讲，内道（ནང་པ）是佛教徒的自称，而称其他宗教为外道（ཕྱི་པ）。外道一般被认为是在外边而不属于内道者，佛教中信仰印度教的被认为是外道。另外，苯教徒认为他们是内道，也跟前者相同，有内道和外道的区分。但是对于内道的说法，还是与各自的思维方式有关。所以我也无法断定内道和外道之间的区别，因为苯教徒不会称信仰佛教的人为外道。

问：在拉喇嘛益西沃时期，也就是藏传佛教后弘期时发展的密宗里出现“双修”外，还曾出现过密宗无上瑜伽续里的“父母双身”（ཡབ་ཡུམ་ཟུང་སྦྱོར）的修行法。那么，拉喇嘛益西沃只反驳“双修”而不反驳“双身”修行方式的原因是什么？

答：一般来讲，密宗是否是正宗佛法本身是一个有争议的话题，并且也很难承认续（རྒྱུད）是佛陀释迦牟尼亲自所讲。另外，还有密宗是佛陀涅槃400多年后才出现的说法，所以不论在印度还是藏地都发生过围绕密宗是否为佛陀亲授的争论。所以，一般分为僧人和密咒者两种不同的修行方式。密宗里不仅有“双修”的修行方式，还有“救度”（སྒྲོལ་བ）的仪轨，所以有些人不承认“双修”和“救度”是藏传佛教的内容。但是后来由于密宗在佛教知识体系中占据了极其重要的地位，慢慢也就无人敢称“双修”和“救度”不是佛教的内容了。国外的一些佛教研究者关注“双修”和“救度”等仪轨，发表了很多与此相关的文章。

问：赞普朗达玛灭佛时，佛教传入吐蕃已有200多年的历史了，那么为什么在朗达玛时期灭佛而不是在那之前呢？

答：几乎所有的藏文王统史料中都记载着朗达玛灭佛。比如，强制让所有出家人还俗、质疑佛法教义、关闭寺院等。当前绝大部分藏史研究者都承认朗达玛灭佛，对此我也做过一点研究，并且发现了一些和藏族以往的或传统的历史说法不同的文献。例如，敦煌文献是公元 10 世纪之前的历史文书，是朗达玛被谋杀之后将近一个世纪后的史料，但是藏族传统的大部分藏文王统史料都是在 12、13 世纪之后，即历史发生后的三四百年之后才书写的。我们在研究历史时，史料的年代越久远，研究的成果越接近事实。但是我发现的敦煌文献中记载有赞普朗达玛新建佛塔、修缮旧塔等事业，以此来振兴佛教。敦煌文献中还发现了驻守于敦煌的吐蕃首领为了赞普长寿而专门写的祈祷文。然而，在那些文献当中都没有看到有关朗达玛灭佛的记载，反而记载了有利于振兴佛教的事迹。我认为朗达玛灭佛的说法最早出现于《巴协》，特别是《巴协夏达玛》（སྦ་བཞེད་ཞབས་བཏགས་མ）的第二章。《巴协夏达玛》写于 10 世纪之后，这一点从文献当中提到大译师仁钦桑布等的名字上就可以看出来，大译师仁钦桑布是 10 世纪之后的人物。所以，我们可以断定《巴协夏达玛》是 11 世纪中期之后才写成的。很多写教派史的学者都依赖《巴协夏达玛》，但是这份文献当中只记载了朗达玛灭佛的举措。所以我觉得朗达玛没有灭佛，而是振兴了佛教。

问：大圆满法是宁玛派的主要见地，而对此拉喇嘛益西沃却提出了质疑，萨迦班智达也批判大圆满法，这些做法的具体原因是什么呢？

答：萨迦班智达在《三律仪论》（སྡོམ་གསུམ་རབ་དབྱེ）当中批判了大圆满法，认为大圆满法是从汉僧摩诃衍那那里传来的教法。在赤松德赞时期出现了从印度传来的渐门派和从汉地传来的顿门派两种派别，信仰大圆满法的是宁玛派和苯教，而萨迦班智达说宁玛派的续部和很多经典都不可依据，连大圆满法也没有正确的依据，是汉僧摩诃衍那的观点。按摩诃衍那的主张，修行时没必要磕头、转山、转经、供奉等形式，单凭静坐睡卧、徐徐入定，便能体验佛性的观点。所以萨迦班智达称大圆满法为汉式大圆满法（汉式禅宗）。

问：苯教的雍仲符号和象征德国法西斯的标志符号之间有什么样的关系？

答：雍仲符号可以看作是苯教的象征，也有说右旋雍仲是苯教符号，其他的不是。但是雍仲符号并不是苯教独有的符号，印度和德国也有这种符号。公元 12、13 世纪在汉地的无量光佛像上也刻有这样的符号。实际上公元 10 世纪之前只有苯教而没有雍仲苯教的说法，所以雍仲苯教可能是 11 世纪之后才出现的词语。

问：佛教和苯教有着“不同宗教或宗派的祖师不能一样”的说法，但是两个宗教的终极目标都是成佛，在这上面两者不矛盾。请问这两个宗教的成佛说有什么不同之处呢？

答：由于无法得知这个说法最初在哪个文献中出现，我很难回答。佛教的祖师只能为释迦牟尼，而没有辛饶米沃的说法。所以，本人认为佛教和苯教两个不可能是相同的，一个宗教或宗派只能拥有一个祖师。

问：在藏族大多数教派史当中，记载拉喇嘛益西沃为了佛教传播作出了巨大贡献，并且他意识到佛教是藏族信仰最终的归宿，所以，不愿放弃自己的佛教信仰，最后死在了监狱。但是本人并不清楚最初是哪位学者在哪部文献当中发现的。一般来说，《红史》《青史》《西藏王统记》都有关于拉喇嘛益西沃的历史记载。如今新发现了《大译师仁钦桑布传》和《阿里王统记》，其中古格大堪布阿旺扎巴是宗喀巴大师的弟子，那具体他是什么年代的人，拉喇嘛益西沃在狱中去世的说法最初是谁提出来的，又是在哪部文献当中发现的？藏族的许多学者为什么要相信，且依靠这种说法的依据是什么？对此老师有什么看法？

答：我在前面讲过，拉喇嘛益西沃时期有个叫作赤唐白益西（ཁྲི་ཐང་དཔལ་ཡེ་ཤེས）的人，他是大译师仁钦桑布的弟子，所以我认为赤唐白益西著的《大译师仁钦桑布传》是比较可靠的。而《西藏王统记》是将近过了四百年之后才写的史书，与《大译师仁钦桑布传》相比可信度不高，并且藏族历史时常夹杂着传说故事。当然，我并不是说拉喇嘛益西沃卒于狱中的说法只是个故事而不能相信，也许其中有历史的真实性。但是，研究历史时最该给予信任的还是越早出现的文献。赤唐白益西著的《大译师仁钦桑布传》中并没有说拉喇嘛益西沃是在噶罗狱中去世的。作为一个在拉喇嘛益西沃时期的人对当时历史的了解，赤唐白益西说拉喇嘛在他所建的托林寺病逝。我比较相信赤唐白益西著的《大译师仁钦桑布传》当中的观点。但是，拉喇嘛益西沃在噶罗狱中去世的说法，应该也存在一个必要的原因吧。至于最初是哪位学者提出在噶罗狱中去世的观点，我也不太清楚。

问：藏族历史普遍的说法是松赞干布时期统一了吐蕃各部落，赤松德赞时期吐蕃的势力达到顶峰，此后开始走向了衰落。具体什么特殊原因导致吐蕃开始衰落？另外，一般说朗达玛被谋杀是因为他的灭佛行为，但是您刚才讲到当时朗达玛兴建佛塔，并没有灭佛而是振兴了佛教。那么朗达玛去世是偶然的还是另有特殊原因？我的第三个问题是，据老师观点，集藏地各个教派共同特征的教派是雍仲苯教。那么它的原因是什么？

答：如果说藏族是否有一种集藏地各个教派共同特征的教派，我的回答是有且是苯教。原因是苯教无一不承认佛教各教派的观点，而且苯教中没有一个不承认藏地各教派或宗教的说法。九乘具有藏传佛教各教派的观点，这也是苯教之所以承认佛教各教派观点的原因。但是藏传佛教各教派的见地不同。例如，宁玛派不承认萨迦派等有些教派的观点，同样萨迦派也不承认宁玛派续部等的观点。格鲁派的见地认为除了宗喀巴大师以外，其他教派不能完全领悟到空性。但是苯教完全承认其他教派的核心思想。所以，如果说要找一个集各个教派共同特征宗教派别，非苯教莫属了。

虽然很多藏族教法史中记载了朗达玛禁佛，但是我觉得我们去理解这段历史的时候却能发现，禁佛实际上是他反对寺院的不合理的采邑制度；应对边境保卫战役所需的兵力，与其他地区发生战争所需的人力；针对当时有些寺院的每个僧人由七户或八户人家供养的政策，即每户向寺院上交赋税，以及寺院里大量的人力和物力。因为这些对吐蕃财政造成了极大的负担，所以，朗达玛禁佛可能只是剥夺了寺院和僧人在经济上的特殊待遇。有一种说法是释迦牟尼认为佛教的核心是戒律，佛教的轴心是密宗。没有戒律，寺院就不会存在了。所以我认为朗达玛在位期间的灭佛是针对不合理的寺院制度。另外，虽然戒律的传承断了，但是密宗在当时特别盛行，因此，朗达玛灭佛的说法有待考证。

主持人：今晚的讲座到此结束。需要补充的是，之后的讲座中如果有问题向老师提问，最好写在纸上。因为咱们的讲座是在一个大的会议室举行的，很多问题有时听得不是很清楚，而且有些还是方言。从下场讲座开始，如果有问题可以写在纸上。最后，感谢卡尔梅教授的讲座和到场的各位来宾。

藏族的祭山仪式

主 讲 人：卡尔梅·桑丹坚赞　教授

主 持 人：才让太　教授

讲座语言：藏语

翻　　译：扎巴　副教授

时　　间：2010 年 9 月 27 日 19：00—21：00

地　　点：文华楼西区二层学术报告厅

主持人：今晚卡尔梅·桑丹坚赞教授要给我们讲座的题目是《藏族的祭山仪式》，这方面教授有很深厚的研究造诣。大家掌声欢迎！

主讲人：在座的各位朋友，扎西德勒！今天我要讲的第一部分内容是有关藏族的祭山仪式，第二部分是有关藏族的转山仪式。在藏族人的观念中许多山有山神，祭山便是祭拜那些山神。在藏地，一个村庄或是几个村庄构成一个部落，而每一个部落都有属于他们自己的山神。一般各自的村庄或部落只祭拜自己所信仰的山神，不能去祭拜别的村庄或部落的山神。举行祭山活动时，每个部落都会履行各自的社会义务，并且维护本部落的尊严。一般外来人是不允许祭拜部落山神的，除非他愿意加入该村庄或部落生活。祭拜山神的习俗在诸多藏族古老的文献中都出现过。在藏语中，“山神”在有些地方被称为“域拉”（ཡུལ་ལྷ），而有些地方称作“域拉希达”（ཡུལ་ལྷ་གཞི་བདག），还有些地方称作“希达”（གཞི་བདག）。

“域拉”（ཡུལ་ལྷ）按字面意思理解就是附近的山神或者地方神，所谓“希达”（གཞི་བདག），就是主管某个村庄或部落领地的山神。藏族人的祭山习俗可以追溯到第一代赞普聂赤赞普时期，现在需要澄清的是山神并不指山本身，而指依附于该山的神灵。在一些外国人的著作中把藏地的山神说成是山本身，但这个在藏族人的观念中是不存在的。至于第一代赞普聂赤赞普和山神到底有什么联系，下面我给大家讲一个故事。我现在要讲的是故事，并不是真实的历史事件。在传说故事中，第一代赞普聂赤赞普来自天上，最初有雅拉德珠神（ཡབ་ལྷ་བདལ་དྲུག）、恰神（ཕྱྭ་ལྷ）、杰神（རྒྱལ་ལྷ）、沃德贡杰神（འོ་དེ་གུང་རྒྱལ）四兄弟。在这个故事中，第一代赞普聂赤赞普被认为是雅拉德珠神七个儿子中的第四子。沃德贡杰神是雅拉德珠神的四弟。这里所说的沃德贡杰神和我们藏地的沃德贡杰山是一样的。沃德贡杰山从山南往下走在桑日县（ཟངས་རི་རྫོང）的境内。沃德贡杰神最初在天上的时候有天上繁星一样多的孩子，他到凡间以后有九个儿子。现在对这个九个儿子的说法都不一样，大家公认的其中两个是念青唐拉（གཉན་ཆེན་ཐང་ལྷ）和雅拉香波（ཡར་ལྷ་ཤམ་པོ）。雅拉香波山和雅拉香波山神与吐蕃王朝有着密切的关系。雅拉香波山距离现在的琼结县（འཕྱོངས་རྒྱས་རྫོང）和第一代赞普的宫殿很近。第一代赞普从天上而来，之后变成人，与山有很深的联系，这些对藏族文明来说是非常重要的。例如，像朗日伦赞（གནམ་རི་སྲོན་བཙན）名字当中就有“རི”（山）这个字。当我们谈到山神的时候，念青唐拉和雅拉香波都属于山神的范畴。在藏地的很多吐蕃时期的石碑上，像证人一样刻有那些山神的名字，如念青唐拉和雅拉香波，而不是“三宝”。正如我上述所言，藏族的祭山习俗在藏族社会中占重要地位的局面从古延续至今，每个村庄一般有两到三页的祭山颂词，颂词中有每个山神的特定装束和坐骑，比如穿白色或黄色的衣服、戴帽子，坐骑是马、豹、老虎等。有些山神的地位可以逐渐提高，刚开始是一个地位比较低下的普通山神，慢慢就可以成为地位较高的山神。居住在山中的山神也可以成为伏藏品的守护者（གཏེར་བདག）。普通的“域拉”（ཡུལ་ལྷ）要变成圣山（གནས་རི）需要某位高僧大德进行开光（གནས་སྒོ་ཕྱེས་པ）并且认定这是一座与众不同的山，之后它的地位就会随之上升。所谓开光，就是某位高僧大德到那儿以后掘出曾经埋于该山的伏藏品，或者认定这座山是历史上某位高僧的修行地。这种认定使这座山的地位变高。开光以后，活佛就会根据山的地形制定一条转山的路线，后人随着活佛的足迹转山而形成了这种文化现象。活佛在制定转山路线的时候还要写个编目（དཀར་ཆག），内容包括风水论，以及历史上哪些高僧大德在此传法或修行等等。转山路线制定以后，每年的这一天会被当作一个重大的节日，所有的信教群众都要在当天去转山。转山不像祭山一样有那么多规定。

上面提到过祭山只能是自己部落祭拜其山神，而转山则不然。无论你是哪个地方的人都可以转山。无论是安多的、卫藏的、康巴的都可以转。藏地有很多著名的神山，比如冈底斯山、杂日（ཙཱ་རི）、工布苯日（ཀོང་པོ་བོན་རི）等。像冈底斯山，佛教徒顺时针方向转，苯教徒逆时针方向转，两个教派分别往不同的方向转。像杂日，只有佛教徒会去朝圣转山，苯教就不会去转。像工布苯日山，只有苯教徒去转，佛教徒就不会去转。

在不理解藏族文化的前提下去理解藏族的转山文化是非常困难的。一般祭山的时候人们以诉求生子，或者获得财富和权力等世俗利益，而转山的时候就不应该有这种想法。转山和祭山的目的是完全不一样的。转山的目的是通过转山增加福德，最后达到涅槃的境界，所以，它们的思想境界是不一样的。有些人在祭山神的时候磕头，这个是错误的。转山的时候信徒磕头祈求皈依三宝是可以的。山神一般被称为世间神，除有一些帮助人的能力之外，基本上与我们人类一样。圣山（གནས་རི）的主人应该也可以叫山神（གནས་བདག）。比如，杂日被认为是上乐金刚（མ་རྒྱུད་བདེ་མཆོག）的道场，阿尼玛卿雪山（ཨ་མྱེས་རྨ་ཆེན）也被认为是上乐金刚的道场。此外，冈底斯山也被认为是上乐金刚的道场。所有的这些神山（གནས་རི）都被认为是上乐金刚的道场。上乐金刚是出世间神（འཇིག་རྟེན་ལས་འདས་པའི་ལྷ），而山神则是世间神。我们可以皈依出世间神，但向世间神皈依是不允许的。从佛教思想上看，冈底斯山被认为是上乐金刚的道场，和五台山被认为是文殊菩萨的道场是一样的道理。另外，与成都的峨眉山被认为是普贤菩萨的道场也是一样的。

下面我给大家展示几张神山的图片。首先是冈底斯雪山，前面已经提到过冈底斯山是上乐金刚的道场。在藏地佛教徒和苯教徒都来这里转山，与此同时，印度教自在天派（དབང་ཕྱུག་པ）的教徒也会来这里转山，所以，三种不同教派的信徒都来冈底斯山转山。在印度教中冈底斯山被认为是大自在天（དབང་ཕྱུག）的道场。佛教典籍《俱舍论》（མངོན་པ་མཛོད）中记载，从印度的金刚座翻过九座山就能到达冈底斯山。冈底斯山在国际上非常有名，很早以前就有印度教自在天派的教徒来这里转山的习俗，不过确切时间很难说。自在天派的信徒认为到冈底斯山转山，然后在玛旁雍错湖沐浴就可以洗净前世所造的一切罪孽。这张照片是冈底斯山的南面，我这样讲，大家可能会以为我去过冈底斯山，实际上我还没去过。

杂日神山（ཙཱ་རི）位于山南南边，在中国、印度和不丹东边的交界处。这座山被藏传佛教噶举派的高僧郭仓巴（རྒྱལ་བ་གོད་ཚང་པ）开光。杂日非常著名，西藏地方政府会派军队护送信徒去转山，它不像藏地其他神山每年转一次，而是每十年转一次。这是因为在杂日的南面居住着门巴族，当时他们处于一个原始部落的状态，经常会抢劫或侵扰来杂日转山的信徒，因此西藏地方政府就会派军队护送信徒去杂日转山。

当时，门巴族人皮肤比较黑，头戴草帽，身上基本不穿衣服，生活于杂日一带。

从拉萨向东400多公里处有尼洋河（ཉང་ཆུ），在尼洋河和雅鲁藏布江的汇合处就有工布苯日。工布苯日山在西藏地区的苯教神山中非常著名。苯教祖师敦巴辛饶从波斯的沃莫隆仁到过工布，而他来的主要原因是工布这个地方居住着一个叫恰巴勒忍（བདུད་ཁྱབ་པ་ལག་རིང）的魔鬼，他偷了敦巴辛饶的7匹马，所以敦巴辛饶来工布寻找他的马。他来到此山以后加持了这座山并且祈愿未来能在此弘扬苯教。前面我讲过来自安多、康区、阿里地区的很多苯教徒每年都会来此转山。有时候很多信徒会一次转一百圈，有些人还磕头转山。

布达拉宫没建之前那座山叫红山（དམར་པོ་རི），松赞干布时期红山被认为是观音菩萨的道场，药王山（ལྕགས་པོ་རི）被认为是金刚手（མགོན་པོ་ཕྱག་ན་རྡོ་རྗེ）的道场。从风水层面讲，拉萨周围有吉祥八瑞，那么药王山因其宝瓶一样的形状被叫作宝瓶山。西藏山南的雍布拉岗（ཡུམ་བུ་བླ་སྒང），也叫作雍布拉康（ཡུམ་བུ་བླ་མཁར），是第一代赞普聂赤赞普的宫殿。赞普聂赤赞普从天上来到人间的时候，他先来到了工布苯日山附近的一个名叫拉日江妥（ལྷ་རི་གྱང་མཐོ）的山，然后经过达布（དྭགས་པོ），最终到了雅隆（ཡར་ཀླུང）。雍布拉康是藏族历史上的第一座宫殿。

现在来讲一下夏东日（ཤར་དུང་རི）的情况，“夏”是东边，“东日”是山名，海拔高达5588米，这也是一座神山（གནས་རི）。苯教认为这是金刚橛（ལྷ་ཕུར་པ）的道场，山脚下有一个湖叫“东日色错”（དུང་རི་གསེར་མཚོ）。在藏地的神山文化中有这样一个现象，就是一个神山旁必定有一个神湖，而且人们认为神山是男神，神湖是女神。例如，冈底斯山和玛旁雍错湖、念钦唐拉山和纳木错湖。《格萨尔王传》中也有神山是父系，神湖是母系的记载。每年的马月安多松潘地方的民众都会去东日色错转湖。我也去过两次，转一次需要三天的时间，因为有下坡路，途中非常辛苦。

阿尼玛卿山的海拔有 6586 米。阿尼玛卿山在吐蕃王朝时期有关风水的文献中没有出现过。这是因为当时吐蕃王朝的领地还未延伸到宗喀（ཙོང་ཁ）地区。前面已经提过沃德贡杰的九个儿子被分配到了九座不同的山，但这九座山中没有阿尼玛卿山。同样，冈底斯山也不在这九座山之列，主要原因是冈底斯山位于象雄（ཞང་ཞུང）王国的领地，而象雄王国直到松赞干布时期才被吐蕃收复。值得我们注意的是，吐蕃王朝时期的风水文化和后期的风水文化不太一样。正如前面所说，每个山都有山神，比如“域拉”（ཡུལ་ལྷ）“山神”（གཉེར་བདག）“希达”（གཞི་བདག）等，也都有相关祭祀的文书。这些文书对山神所持的法器、装束、坐骑以及随从等都有详细的记载。

从嘉绒（རྒྱལ་རོང）地区的大渡河（རྒྱལ་མོ་རྔུལ་ཆུ）往下走就是嘉绒的墨尔多神山（རྒྱལ་མོ་དམུ་རྡོ），它是一座苯教神山。18 世纪苯教高僧桑杰林巴（སངས་རྒྱས་གླིང་པ）到这里开光，他还制定转山的路线并且撰写了有关此山的历史编目，转山时间为每年藏历六月份，转一次大概需要三天的时间。作为一个研究人员，选择在节日的时候去调研非常方便。这座山的海拔高达 4820 米。

我们现在又从嘉绒回到卫藏，山南桑耶寺附近有一座名叫海波日（ཧས་པོ་རི）的山。海波日并不是真正意义上的神山，但是这里放着印度寂护大师的灵塔。

古拉卡日山（སྐུ་བླ་མཁའ་རི）的海拔为 7538 米，这座山并不是神山，而是类似于山神，位于不丹和中国西藏地区的交界处。第五世达赖喇嘛以诗歌形式给这座山写过一首优美的祭山词。

位于四川甘孜地区的木雅贡嘎山（མི་ཉག་གངས་དཀར）也是普通的“域拉”（ཡུལ་ལྷ），云南的梅里雪山（ཁ་བ་དཀར་པོ）是一座神山（གནས་རི）。四川甘孜州塔公地区的雅拉雪山（བཞག་ར་ལྷ་རྩེ）也是普通的山神，而不是神山。下面这张图片上的寺院是第七世达赖喇嘛格桑嘉措的行宫。康区琼布地区琼布孜珠山（ཁྱུང་པོ་རྩེ་དྲུག）是苯教一处非常著名的修行圣地，跟神山一样也有苯教徒来此转山。此外，还有刚坚五座（གངས་ཅན་མཛོད་ལྔ）这样的山，它是长寿五尊（ཞྭ་ཚེ་རིང་མཆེད་ལྔ）的所在地，位于中国西藏和锡金的交界处。

据说以前莲花生大师入藏的时候，雅拉香波神山化成一头白色牦牛来阻止大师入藏，而这头白色牦牛就是雅拉香波的化身。今天的讲座就到此为止。

主持人：同学们，有问题的可以提问了，请大家抓紧时间。

问答环节

问：西藏祭山文化的来源是战神鲁神文化，而在佛陀的戒律（འདུལ་བའི་ལུང）当中明确提出煨桑的缘由。因此，藏族的祭山文化可以说是外来文化吗?

答：我认为祭山神的习俗并不是来自佛教，因为印度没有祭山的习俗，但是印度有转山的习俗。因此转山的习俗有可能是来自于印度，而祭山习俗是源自我们本土文化，这个可以追溯到第一代赞普聂赤赞普时期。

问：记载祭山文化的早期藏文文献有哪些?

答：最早在敦煌文献中有藏族祭山文化的相关记载，除此之外，在藏族本土出现的文献中目前还未曾见过相关资料。敦煌文献中记载的祭山方式是向山顶的山神祭祀，山脚下有罗刹。当罗刹伤害人们时，人们会祭山，希望能摆脱罗刹的折磨。

问：山神概念里是否有战神的思想？

答：山神和战神不完全一样，苯教诸多文献对于战神有很多单独的记载。山神一般可以指一座具体的山，但是战神没有一个具体的实物可以辨认，也有人认为战神居住在天上。

问：为什么祭山的地点和修建拉泽（ལབ་རྩེ）的地点都位于高处或山顶呢？

答：我以前见过的拉泽建在山顶，但在几年前我去青海热贡时看见有些村庄的拉泽建在山下，让我觉得很惊讶。可能是每个地方的习俗不一样吧。拉泽的写法有很多种，安多人常用的是“ལབ་ཙེ”这个词，有些人认为这个是象雄语，我觉得还不能完全确定，但是我平常用“ལ་བཙས”两个字，因为在《五世达赖喇嘛传》和《弟吴宗教源流》等著作中用的都是“ལ་བཙས”两字。另外，有“མཐོ་ལ་བཙས། དམའ་གྲུ་བཙས”的说法。以前越岭时需要上缴酬劳，同样过河时也要船费，而越岭时堆石的行为后来就演变成了敖包。

问：青海贵德和热贡地区有信文昌君的现象，据说此神是从四川请来的汉地神，为什么藏族人会信仰汉地神，您对此有什么看法？

答：当地信徒如果有信仰汉地神的，那可能是地方的特殊习俗。一般来说山神没有汉藏之分，但是藏地有些地方的格萨尔神庙供奉的格萨尔像具有汉地神的造型特征。

问：在我家乡有阿尼玛卿达到了十地的说法，那么山神可以达到十地果位吗？

答：我有听说过阿尼玛卿作为菩萨的化身可以到达十地果位的说法。同样，苯教徒也说阿尼玛卿是供萨贤拉沃噶神（ལྷ་གོང་ས་གཤེན་ལྷ་འོད་དཀར）的化身。如果从世间神和出世间神作划分，山神是很难到达十地果位的，但是作为佛的化身是可以到达的，因为佛是千变万化的，有时候佛为了教化众生化身为蛇和野猪等动物，有时也化身为人。在这一点上阿尼玛卿到达了十地果位也是可以的。

问：老师有讲过每个山神的祭山仪式有不同之处，但民间群众认为山神是世间神，谁祭祀得好，对谁就帮得多，而其仪式没有什么不同。对此，老师有什么看法。

答：山神和神山的区别前面已经说过了，两者的区别很大，祭拜山神只限于本地区的人，神山不受地区限制，任何地方的人都可以来转山。至于神山的地位为什么高于普通山神的问题，是因为神山通常是历史上某位高僧大德的伏藏地，或是修行讲经的场地，并且还留有神迹，因此它的地位高于一般的山。

问：这些祭神山（གནས་རི）的仪式都属于苯教的吗？佛教有没有这样的祭神山的仪式？

答：佛教没有祭山神的习俗，但是有祭神山的仪式，我还没见过佛教祭神山的仪式。就像我前面提到过的，这些神山是宁玛派或苯教某位大师的修行地，或者有某位大师得道后留有的神迹的说法，因此，比普通的山更具有殊胜性。这些神山大多是朝圣和修行的地方，不像祭山神那样是舞刀弄枪的仪式。

问：藏族的第一部祭山颂词《嘉阿钦姆》（གཡའ་བཙན་ཆེན་མོ）是莲花生大师所著的吗？您对此有什么看法？

答：按一般的说法，这部祭山颂词是莲花生大师所著，但这只是一个说法。莲花生大师是 8 世纪的人，现在我们很难看到在 8 世纪写有莲花生大师名字的文献，因此只能说是一位佛教早期高僧所著，没法在科学层面去证明。

问：祭山习俗属于苯教，转山习俗属于佛教这样的说法对吗？

答：我认为这是不对的，佛教有祭山习俗和转山习俗，同样苯教也两者兼有。但是我想转山的习俗最初可能来自印度，而祭山习俗可能是本土文化。

问：转神山的时间是怎样确定的，有什么特殊原因吗？

答：转山是有特殊原因的，那些山最初并不是神山，只是那些山神居住的普通的山，后来某一位高僧知道一座山的重要性且对此进行开光仪式，这些山的地位就会提高，变成神山，而这个开光的日子就是转山的日子。比如18世纪苯教高僧桑吉岭巴到嘉绒墨尔多山，在藏历一月份举行开光仪式，制定转山的路线，并嘱咐当地群众给那些来转山的信徒提供食物和水等日常用品方面的帮助，这座山就成了神山。

问：布德贡杰的九个儿子有可能是藏族的九个原始氏族吗？

答：不一定，这只是一个说法而已。我最初以为在《弟吴宗教源流》中记载的布德贡杰的九个儿子跟其他文献中出现的世界形成之九神（སྲིད་པ་ཆགས་པའི་ལྷ་དགུ）是一样的，但是后来比对之后发现他们的名字不一样，因此这只是一个说法，没有文献资料可以证明是九个原始氏族。

问：老师您讲过在《俱舍论》中有关于冈底斯转山习俗的记载。那么，印度和苯教都有转山习俗吗？或者藏族的转山习俗是佛教传入之前还是之后开始的呢？

答：印度教信徒来冈底斯转山的确切时间还不能确定，但是我认为应该很早就有了；苯教认为冈底斯山是象雄的中心，也是世界的中心，而苯教在佛教传入西藏之前就存在。因此，我认为佛教没有传入西藏之前就有苯教徒到冈底斯山转山的习俗，虽然不能通过文献佐证，但是说没有那也是自相矛盾的。

问：藏族有些山神需要用动物祭祀，这是否是一种祖先崇拜和氏族神崇拜的文化现象？还是一种图腾崇拜的现象，或者是一种类似的文化现象？

答：用动物祭祀的这种习俗在冈底斯山周边以及其他一些地方都有，《格萨尔王传》中也有类似的记载。有些人认为这是一种苯教仪轨，但是我认为这跟宗教没有关系，是一种世俗行为或世俗习惯。外国人所说的图腾崇拜的习俗，我们藏族也有，但是动物祭祀并不是图腾崇拜的文化现象。比如藏族的“风马”（རླུང་རྟ）上面有老虎、狮子、龙以及琼鸟。在苯教中，先前四个部落中，一个部落崇拜老虎，一个崇拜龙，一个崇拜狮子，另一个部落则是琼鸟，而这些可能是一种图腾崇拜的现象。外国学者谈到图腾时，主要是非洲地区的每一个部落都有一个神，这些神通常是鱼等动物。在藏族人习俗中，并不是每个部落都有一个神，风马上面有四个动物，我们之所以叫作风马，很有可能这些动物是原始氏族崇拜的神。

问：据说布德贡杰有九个儿子，为什么是九个，这个数字有什么特殊含义吗？

答：至于为什么是九个的问题我不清楚，布德贡杰在天上的时候，他的儿子像天上的繁星一样多，像空中的雨点一样多，但是到了人间以后就只有九个。为什么是这个数字我不是很清楚，但是其中比较重要的是念青唐拉和雅拉香波两个儿子。

问：有藏学学者认为，沃德贡杰的九个儿子在历史上真实存在过，并且成为九个不同部落的首领。他们死后，人们为了纪念他们的功绩把他们奉为山神。您对此有什么看法？

答：我想沃德贡杰的九个儿子在历史上应该是不存在的。目前只有跟念青唐拉和雅拉香波两个有关的故事。事实上，史书上没有这个人的出生地、父母族源等的记载。除了他的父母和出生地等一些传说之外，并没有进一步的相关文献。我想沃德贡杰当初从天上下凡到人间的时候，把他的九个儿子一一分配到了念青唐拉和雅拉香波山等九座不同神山，他们繁衍的后代逐渐变成九个不同的部落，这是有可能的，但是我们很难找到与此相关的文献。

问：转山的时候佛教和苯教往不同的方向转的原因是什么，这两者之间有什么特殊的联系吗？

答：苯教是往左转，佛教是往右转。苯教徒往左转的原因我以前找过，但是没有找到。苯教祖师敦巴辛饶的传记里有他一个徒弟在祭拜他的时候转了三圈的记载，但是到底往左还是往右转，却没有记载。但是通常佛教是往右转的，苯教是往左转的。一般自然的东西大多是往左转的，比如太阳和月亮等。人为的东西通常都是往右转的。这只是我的个人想法。

主持人：由于时间原因，今晚的讲座就到此结束，我们下期讲座见。

藏族文化中的仪式与信仰

主 讲 人：卡尔梅·桑丹坚赞　教授

主 持 人：才让太　教授

讲座语言：藏语

翻　　译：周拉　副教授

时　　间：2010 年 9 月 30 日 19：00—21：00

地　　点：文华楼西区二层学术报告厅

主持人：大家晚上好！开始今天的讲座之前，我需要说明一下，从明天开始学校放十天假，但是，假期期间讲座仍将继续，时间上也跟现在一样。现在有请卡尔梅·桑丹坚赞教授开始今晚的有关藏族文化中的仪式和信仰的讲座。

主讲人：扎西德勒！今天我要给大家讲的是藏族文化中的仪式与信仰。首先我给大家介绍一下朵和朵的“ཆོ་ག”，即仪式，然后对其具体仪式进行深入讲解。

首先，把藏文的“ཆོ་ག”这个词给大家作个解释，藏文里的“ཆོ་ག”（仪式）这个词实际上是从梵文翻译过来的。所以佛教里面也有各式各样的仪式，讲到这些仪式，不仅包括宗教仪式，也有日常生活当中的仪式。因此，藏文里的“ཆོ་ག”这个词在英文里被翻译成“Ritual”。在日常生活中，两个人之间握手也是一种仪式。从早上起床到晚上，我们都举行着各式各样的仪式。

佛教仪式传播到藏地已经好几个世纪了，然而藏族本土文化理念的仪式是“朵”仪式，即“གཏོར་ཆོག”。“朵”这个词是藏语词汇，但其本身没有什么具体的意义可说，据此有些藏文文献里面将朵“གཏོར”写成“སྟོར”这个词，主要是因为举行这种仪式的人员实际上是为了生计（སྟོ་རྒྱབ）而去民间挣钱。无论是“གཏོར”还是“སྟོར”，首次举行仪式时有两个步骤。第一部分在藏语里叫作“芒”（སྨྲང），有时也叫“热卜”（རབས）。解释“芒”和“热卜”这两个词，指的是“白索”（དཔེ་སྲོལ），也就是惯例和习惯的意思。

现在很多词典里对“芒”这个词没有进行特定的解释，实际上芒类似于讲故事，在举行“朵”（གཏོར）仪式时，第一步就是讲故事。所以有些社会学家针对仪式和仪式中讲故事这两者之间存在的关系方面提出了问题。其他民族或地区也有这样的案例，有的先讲故事，再举行仪式，而有的则是先举行仪式，后讲故事。这两者的关系就比如像先有蛋还是先有鸡的问题一样说不清楚。根据藏族的说法，在举行仪式的过程中，首先有一个故事，就是“芒”。那么，讲故事的人他本身有一个故事传承，在举行“朵”仪式的时候首先讲一个故事，讲故事的传承者是按照当时举行仪式的人的做法来举行仪式，也就是把仪式的传承历史交代清楚。比如“朵”仪式的由来、自己是传承者的原因、举行仪式时的动物祭祀等等。然而，讲故事时具体仪式在何时何地出现是不会讲的，只是强调自己是从某位高僧大德那里成为该仪式传承人，但具体的时间和地点一般也不会交代清楚。

从人类学的角度看，历史和传说、故事之间有什么区别呢？故事符合它的社会进程是很重要的。举行这个仪式的人，如果他不知故事内容，他举办的仪式也不会起作用的。因此，有“གཏམ་རྒྱུད་དང་པོ་སྟོན་ལ་འགྲོ་བ་དང་། དེའི་རྗེས་སུ་ཆོ་ག་རིང་མོ་སྟོན་བྱས།”这样的说法。所以，“朵”仪式的过程首先讲故事，之后才正式进入仪式。

举行“朵”仪式时讲故事是极其重要的，不讲故事举行仪式是没有任何作用的。“朵”仪式在我们的社会历史中早就存在了，用现有的现象和现代语言来讲，很多人觉得这种仪式是一种主观思维，因为大部分人认为世间没有什么鬼神。从社会科学的角度看，对这种仪式，人们不会通过疑神疑鬼的宗教信仰角度去看待。

故事对研究历史有很大的作用，我们到一个村庄去问他们村庄的社会历史时，他们总是会用一种故事的形式来讲，而这种故事本身能反映社会的一些真实情况。“朵”的内容在藏族社会中主要有四种形式，分别是“མོ”“རྩིས”“གཏོར”“དཔྱད”，其中མོ主要指占卜，རྩིས主要指历算（ནག་རྩིས），གཏོར是我们正在讲的这些仪式，དཔྱད主要指代医学治疗。这四项内容包含在苯教九乘理论的第一乘当中，是非常古老的传统。在敦煌古藏文文献中也发现了这些内容。因此，在一千年以前，藏族社会就在使用这些内容。

在敦煌文献当中出现了“མོ་བཏབ། ཕྱྭ་ལབ། གཏོར་ཞིང་དཔྱད་བྱེད”等词汇，这些词汇有什么区别呢？在一种语境中，使用“གཏོར་ཞིང་དཔྱད་བྱེད”时，“གཏོར”这个词是作为动词来讲的，“དཔྱད”与治病是同一个意思。这四个方法是怎样使用呢？在一个村庄里有人或牲畜生病的时候，他们就会用这四个方法。比如有人病了，需通过占卜的形式来算出他得病的原因等。“ཕྱྭ་ལབ”跟我们现在藏语里边的“པྲ་ཕབ་པ”（圆光）有相同的地方，但对此有很多不同的说法。“པྲ་ཕབ་པ”这种算卦的方式，在一千多年前对人们的生活是很有帮助的。以上四个方法对人们的生活所产生的作用在苯教里是非常重视的。

“朵”的内容很多，仪式也不尽相同。今天我不可能讲完有关“朵”的全部内容，也没有这个时间。所以，我会讲一些有特殊内涵和意义的“朵”的仪式，这部分涉及藏语里边的“ཟ”这个词。“ཟ”这个词的含义很多，其中一个含义是指社会上地位很高的人，如“རྗེ་བླ”，另外也有其他含义。“བླ”在英文里翻译成“soul”，我们每个人身上都存在着“བླ”，但在藏语里“བླ”和“རྣམ་པར་ཤེས་པ”这两个词的含义有区别，不是同一个意思。公元9世纪的梵文和藏文的词典里，在解释“བླ”这个词时，只解释“བླ”是上面、上层的关系，而没有“བླ”是我们身上存在的魂魄的解释。因此，“བླ”这个词或者这个概念并不是从印度过来的。那“བླ”究竟指的是什么呢？它是我们每一个人身上存在的像灵魂一样的东西。

公元9世纪的梵藏合璧大辞典里面有“བདག”这个概念，“བླ”很多时候都翻译成自我、本性。在梵文里面写成“阿德曼”（atman），很多时候写成“沃特曼”。同样“རྣམ་ཤེས”这个词也是佛教的一个概念，它也是从梵文的词“赛吉尼亚”（vijinam）翻译过来的。佛教没有传入以前，藏地没有“རྣམ་ཤེས”和“བདག”这样的概念，却存在“བླ”的概念和这种仪式。然而，我们想彻底弄清楚“བླ”的具体指代意思还有点困难，但是当我们得病或处于惊吓的状况时，就认为是“བླ”离开了我们的身体，人会感到不适，人的身体会遇到问题，这时候我们要办个“བླ་བསྐྱབ”的仪式。有些人误认为“བླ་བསྐྱབ”和“འཆི་བ་བསྐྱབ”是一样的，实际上，这两个内容不一样。“འཆི་བ་བསྐྱབ”这个词其实在梵文里边是存在的。它在印度是指人在临死之前假使人去世而举办的仪式，从而达到复生的效果。一些国外的藏学学者把这两个概念相混淆并发表了论文。如果说“བླ”存在于我们的肉体上，那么具体在什么位置呢？这没有固定的位置可言，它是以流动的形式存在的，因而从头到脚都有可能存在。在我们的身体上，有“བླ”，即魂魄，“དབུགས”，即气，还有“སྲོག”，即命。其中“气”是指一个人没到断气以前他还没死，一旦断气了这个人就是死了。“སྲོག”，即命，是我们经常所说的救命的命。

另外有一种说法，是“བླ་ཡིད་སེམས”，“བླ”是魂魄，“ཡིད”是意，“སེམས”是心，这三个概念，“བླ”和“རྣམ་ཤེས”是不一样的。“意”是八识（རྣམ་ཤེས་ཚོགས་བརྒྱད）里面的意识这个词，“བླ”是意的一种具体表现形式，它也是心的一种幻想。它是意的形式的具体表现，即形象，叫作意的魂（ཡིད་ཀྱི་བླ）。意和心也是不一样的，意是心的一种表现形式。心跟“ཀུན་གཞི”这个词的意思基本一样，但这里所说的“ཀུན་གཞི”和佛教八识里的“ཀུན་གཞིའི་རྣམ་ཤེས”，即阿赖耶识，是不同的概念。魂、意、心三者之间的关系是什么样的呢？我们作个比喻，如果把心比作火，火的光是意，从火里冒出来的烟就是这里所讲的“བླ”，即魂魄。那么，心、意和魂三者之间是首先有火，然后才有火光，最后才冒出烟，类似这样的一种关系。比如，一个人不是自然死亡，因意外而死，这人的心会在消失于虚空中，人的意将会藏在“ཀུན་གཞི”（即本心）里面。最后“བླ”即魂魄被阎王或者索命鬼带走。这时针对这个问题举办的仪式就是苯教里面称作“འདུར་བ”的宗教仪式。在这个过程中“བླ”会感到异常恐惧，而这个宗教仪式会安抚“བླ”的恐惧，它被称作祛除意里不好的罪孽和习气。“སྤར་བ”是迁移的意思，“སྤར་བ་སེམས་ཉིད”是指把人的心迁移到本性当中，这样出现的结果是魂会融入意当中，意融入心当中，心像天空一样，是无性的。上述这些思想是佛教没传入之前藏族本土的肉体和灵魂的思想，后来因为佛教影响的逐渐渗入，人们日常只讨论佛教讲的仪式，即六识和八识这样的概念，而苯教里面我们所提到的“བླ”则越来越少。因此，现在我们对人体和灵魂的认识跟印度佛教的观念差不多了。

在藏族人的生活习俗中，人们喜欢戴绿松石，敦煌文献里也有古代藏族人把绿松石戴在头顶上的描述。戴在头顶上的绿松石叫作“གཙུག་གཡུ”，戴在额头上的叫作“ཐོད་གཡུ”。关于“གཙུག་གཡུ”，大家可能都很熟悉，而“ཐོད་གཡུ”这个词在《格萨尔王传》里经常出现。在以前的思想当中，男孩子喜欢一个女孩子的时候，这个男孩子要给女孩子送一块绿松石。同样在第六世达赖喇嘛的情歌或道歌里面也出现过这样的语句，把一块绿松石戴在女孩子的额头上，就表明这个女孩子允诺不跟别人，它就是一种信物。在《格萨尔王传》里，霍尔国白帐王（ཧོར་གུར་དཀར་རྒྱལ་པོ）有四只鸟，他让它们到各地去寻找非常漂亮的姑娘，黑色的乌鸦找来找去最后在岭国看到了珠姆（འབྲུག་མོ）。当这只黑色的乌鸦看到她的时候，珠姆正在和她随从的两个姑娘一起洗头发，这只黑色的乌鸦飞到地上仔细看珠姆时，看到珠姆长得非常漂亮，于是它偷走了珠姆从额头摘下来放在地上的“ཐོད་གཡུ”（绿松石），交给了白帐霍尔王，并向白帐霍尔王汇报珠姆是绝世美人的事情。因而霍尔国（ཧོར）和岭国之间发生了战争，称为霍岭战役。

“གཙུག་གཡུ”和“ཐོད་གཡུ”或者“བླ་གཡུ”这样的东西是藏族人的主要头饰或装饰品。同样有一个词叫“བླ་གནས”，指寄存魂魄的处所。以前的国王或是达官贵族，他们将某一个地方认定为他们的“བླ་གནས”。这样就出现了“བླ་རི”这个词，也就是魂魄所在的山，苯教把冈底斯山认作苯教的“བླ་རི”，即苯教的寄魂山。同样，“བླ་རི”周边的湖称作“བླ་མཚོ”，例如，苯教徒认为玛旁雍错是“བླ་མཚོ”。另外还有“བླ་རྡོ”（魂魄所处的石头）一词。例如，我们在修护法神吉祥天女时，“བླ་རྡོ”是不可缺少的。藏族宗教里有很多护法神，每一个护法神都有不同的“བླ་རྡོ”。同样也有“བླ་རྩ”这样的词，当一个人生大病时，大夫就会说要看这人的“བླ་རྩ”。“བླ་རྩ”实际上是我们身上的脉，其中有一个脉，被认为是我们的魂魄所在的脉。

在藏地的婚礼仪式中，绿松石占有非常重要的地位。比如，一对男女要结婚时，要互相送礼物，男孩子一般给女孩子送的是绿松石，女孩子给男孩子送的是金耳环或者其他金饰品。所以在藏族饰品中，金子和绿松石经常一起出现。在藏族社会中这样的仪式还有很多。从人类学的角度研究某一社会的时候，通常会把研究仪式当作认识这个社会极其重要的一种途径或方法。人类学家和社会学家想要认识和研究某一社会的存在状态或思维方式时，就必须要了解人们举行的仪式，了解清楚每年都要举办的各种仪式。比如，对国外来说，人类学研究是非常普遍的，从人类学角度研究某一民族的时候，首先要确认这个民族所居住的地方，之后要亲自去这个地方进行田野调查。而且在一个地方做几天的田野调查是没用的，至少要待一年，去了解这一个地方的人在春天做什么，夏天什么。也就是说，要掌握清楚一年四季都搞什么样的仪式，具体什么时间举行仪式，总共有几次仪式等等，这是人类学家的普遍做法。如果不掌握某一地方或村庄一年的所有仪式，你就没法掌握和了解这个地方一年完整的生活方式。就今天我们所讲的“ན”来说也是一样的，我们进入某一个村庄，根据我们的所见所闻要研究它一年当中举办的各种有关仪式，不然只靠书籍，就很难弄清楚。

好，今天的讲座就到此结束。谢谢大家！

主持人：还有一点时间，各位有问题的可以向教授提问。

问答环节

问：藏族的《格萨尔王传》具体是什么时候出现的？

答：格萨尔王出现的具体年代还没法完全确定。国外的有些学者认为，《格萨尔王传》最早只能推到 11 世纪以前，但是我们藏族的有些学者把它推到了 8 世纪以前，所以目前还没有确切的答案。

问：有些研究认为藏族的《格萨尔王传》和蒙古族的《成吉思汗

传》在内容和形式上基本一样，因此认定格萨尔王和成吉思汗是同一个人。对此，您有什么看法？

答：国外学者对《格萨尔王传》的研究中没有这样的看法，并且这两个人不可能是同一个历史人物。

问：“བླ་རི”（即魂山）是如何被认定的？

答：对于“བླ་རི”的具体认定方法，我们很难说明。但是在《贤者喜宴》中记载了这样一个故事：当赞普朗达玛灭佛的时候，汉藏交界处有一座“བླ་རི”，那时就倒塌了。如何认定“བླ་རི”的有关文献，目前还未发现，只是有一些国王或者部落头人会有将某一座山认定为自己的“བླ་རི”的做法。

主持人：今晚教授对藏族文化中的仪式和信仰方面进行了非常精彩的讲座，特别讲到了有关“བླ”的内容和人类学的研究方法等方面。由于时间关系，今天晚上的讲座到此结束，下场讲座我们再见。扎西德勒！

大圆满：苯教和宁玛巴共有的哲学教义

主 讲 人：卡尔梅·桑丹坚赞　教授

主 持 人：才让太　教授

讲座语言：藏语

翻　　译：周拉　副教授

时　　间：2010 年 10 月 4 日 19：00—21：00

地　　点：文华楼西区一层学术报告厅

主持人：今晚的讲座主题是有关苯教和宁玛派的内容，卡尔梅教授关于大圆满的研究已经出版过一本英文专著。这类研究是藏学研究中的重要内容，有非常重要的意义。今晚卡尔梅教授会从这方面进行讲座。大家掌声欢迎。

主讲人：大家晚上好！今晚我要讲的题目是《大圆满：苯教和宁玛巴共有的哲学教义》。大圆满是藏传佛教里面非常有名的一个哲学见地，大圆满的见地和修心方法在世界各个地方都非常流行，今天我大概讲一下大圆满的起源和发展历程。

首先，大致介绍一下大圆满的概念，它的名字来自大圆满的经典。如果从字面上理解大圆满，“རྫོགས་པ”是具备一切圆满的意思，“ཆེན་པོ”是至上和至高无上的意思。

关于大圆满的起源问题，很多学者有不同的看法，大圆满是否起源于8世纪的问题还存在质疑。早期的藏传佛教学者都认为大圆满是从印度传过来的，而苯教徒认为大圆满是从象雄传过来的。不论哪种观点，至今还未看到能证明大圆满法在公元8世纪就已出现的资料。通常的说法是公元8世纪的大翻译家毗卢遮那带来了大圆满法。毗卢遮那是桑耶寺“七试人”或“七觉士”之一，七试人是藏族第一个僧团。毗卢遮那小时候被赞普赤松德赞派到印度去学习佛法，在印度跟随很多大师学习大圆满，而且带着很多经典回到西藏。毗卢遮那从印度带来的很多关于大圆满的书中有一本叫作《觉心布谷之音》（རིག་པའི་ཁུ་བྱུག），书名中的布谷鸟代表人的心和觉悟。他从印度回到西藏后第一个住处是现在的桑耶寺，桑耶寺是公元8世纪藏传佛教的第一座佛法僧俱全的寺院。据说，毗卢遮那回到桑耶寺以后，把很多佛经翻译成了藏文。与此同时，桑耶寺也有一些来自印度的佛学大师。例如，桑耶寺的主要修建者寂护大师。寂护大师在这儿建立了说一切有部的律宗，他继承了中观自续派（དབུ་མ་རང་རྒྱུད་པ）的观点，中观自续派是中观派中很特别的一个见地，公元11世纪以后中观自续派开始衰落，中观应成派（དབུ་མ་ཐལ་འགྱུར་བ）开始兴盛。另外，桑耶寺还有莲花戒（ཀ་མ་ལ་ཤཱི་ལ），莲花戒是寂护大师的学生。当时桑耶寺规模很大，有很多来自印度的佛学大师。那时敦煌一带被吐蕃统治，从敦煌来的汉地和尚摩诃衍那也在桑耶寺。从印度来的大师和汉地来的大师的住处不同，莲花戒住在译经院，摩诃衍那住在禅定院，当时桑耶寺既有印度僧人也有汉地和尚。藏文书籍里经常出现的和尚摩诃衍那修的禅和讲的经叫作禅教（བསམ་གཏན་གྱི་ཆོས་ལུགས），传授禅宗的和尚叫作禅师，那些禅师写的书籍叫作禅经。他们修禅的经典在藏文里叫作“སློབ་ལུང”。实际上，当时的桑耶寺有来自各个地方的僧侣，这也使僧人中出现了分歧。莲花戒大师和摩诃衍那分别从印度和汉地来到了桑耶寺。摩诃衍那先于莲花戒来到桑耶寺，他在敦煌时跟随禅宗大师学习如何进行禅定。这样就出现了两种不同的见地。摩诃衍那的思想是顿门思想，顿门这个词在藏文中是“ཅིག་ཅར་བ”，是顿时成佛的意思。另外一个思想见地是渐门，在藏文中是“རིམ་གྱིས་པ”，是逐次修心或依次修心的意思。以前桑耶寺的主要思想是中观自续派，就是这里面所说的渐门思想，这种思想分前行（སྔོན་འགྲོ），正式（དངོས་གཞི），之后逐渐提高（རིམ་པ་བཞིན་དུ་ཡར་འགྲོ་བ）。然而，顿门派不需要逐次修心。因此，这两派在根本思想上存在差异。那时包括赤松德赞的王妃在内的很多人是摩诃衍那顿门思想的跟随者。至此，桑耶寺两种不同的思想之间出现了争论。寺院里的两派之间出现争执之后，赤松德赞开始担忧。刚开始坚持中观自续派的一些和尚跑到摩诃衍那的门下听禅宗的思想，与其发生了争论。摩诃衍那的观点是不需要身体的善行，比如转经和念经等都不需要。只需要坐定修禅，认识心的本质和本来面目，认为佛不在心外而在心中，当时这种思想有很多的追随者。中观自续派的僧人说以前寂护大师在的时候，寂护大师提倡身体上的修行，比如念经、转经、点灯等，但摩诃衍那不提倡。所以赞普赤松德赞从印度请来了莲花戒大师。从此以后在桑耶寺发生了规模很大的一次辩论。据说，在桑耶寺进行辩论之后又在拉萨举行会议。那次辩论大概发生在公元 792—794 年。因为他们两派之间发生争论，桑耶寺的学习气氛也有些衰落。那时候莲花戒写了三本书，叫作修行次第三篇（སྒོམ་རིམ་རྣམ་གསུམ）。关于两种思想的根本差别，有“琼鸟从上往下落在树上，猴子从下往上爬到树上”这样的说法，一个是从上往下降，一个从下往上爬。据说，后来因桑耶寺的佛学气氛逐渐衰落，毗卢遮那回到桑耶寺后没有长留，去了嘉绒地区。那次辩论后汉地和尚摩诃衍那也没法待在桑耶寺，就回到了敦煌，莲花戒最后是在桑耶寺圆寂的。

那时吐蕃出现了几位比较有名的佛学大师，一个叫念贝央（གཉན་དཔལ་དབྱངས），另一个叫努桑吉益希（གནུབས་སངས་རྒྱས་ཡེ་ཤེས）。念贝央写了六本书，书名叫《六灯论》（སྒྲོན་མ་དྲུག）。念贝央是努桑吉益希的老师，努桑吉益希的生卒年代还不能确定，一般认为是公元 9 世纪末至 10 世纪初，他写的书叫《禅定目炬》（བསམ་གཏན་མིག་སྒྲོན），这本书是历史上出现的关于大圆满法的一部非常重要的经典，这本书共分四个部分，即渐悟派思想、顿悟派思想、密宗摩诃瑜伽和大圆满法，也是藏族第一本阐述顿悟派和渐悟派思想的书。努桑吉益希作为一个真实的历史人物，他的《禅定目炬》是研究大圆满法的一部重要文献。据说，莲花生大师在吐蕃撰写了一本书叫《诀窍见地宝串》（མན་ངག་ལྟ་བའི་ཕྲེང་བ）。不过莲花生大师何时到吐蕃，学术界至今还没有一个确切的说法。

对于藏传佛教徒来说，莲花生大师拥有很高的地位，他们认为莲花生大师在藏地修建了许多佛塔，并创立了很多学说。若要考证莲花生大师是否为《诀窍见地宝串》的作者，需要用可信度高的史料去证明，我们无法肯定这本书就是他所撰写的，因为这本书的主要内容是大圆满法。如果《诀窍见地宝串》的作者是莲花生大师，那么我们所说的大圆满法产生于公元 8 世纪的这个观点是可以成立的。所以刚才我在前面说对大圆满的起源及何时出现的问题有不同看法。《禅定目炬》的作者努桑吉益希是真实的历史人物，因此，虽然大圆满法出现于公元 8 世纪的观点很难信服，但根据《禅定目炬》得出大圆满法产生于公元 9 世纪末至 10 世纪初的观点是可以接受的。公元 10 世纪末大圆满法存在的历史事实在拉喇嘛益西沃的谕书中曾出现过。拉喇嘛是公元 10 世纪末的历史人物，他在谕书中认为大圆满法不是正统的佛教思想。所以，大圆满法是藏族佛教历史上存在争议的哲学思想。有人认为是从印度传过来的，但是我本人认为大圆满法起源于本土。藏传佛教宁玛派认为《觉心布谷鸟》是毗卢遮那从印度带过来，并从梵文翻译成了藏文。但是我曾在敦煌文献中见过这本书，文献本身没有说明是毗卢遮那从梵文翻译的，也没有交代这本书的作者。因为在敦煌文献中的《觉心布谷鸟》的作者和译者尚不清楚，所以，这本书的来源还需持怀疑态度。关于大圆满的起源问题也有很多争议。我认为念贝央和努桑吉益希在藏族本土传播了大圆满法的见地，因此大圆满法的起源也与他俩有关。从内容来看，大圆满法与摩诃衍那的思想有极其相似之处。然而关于摩诃衍那在桑耶寺传授的内容或思想相关的可靠文献极其少，我们无法找到。如果能找到，对大圆满法起源问题的研究很有帮助。

根据刚才所说的桑耶寺的顿渐之争，我给大家简单谈谈大圆满的思想。第一，大圆满主要讲什么呢？大圆满主要是讲心的问题，它的主要部分是心的本性或心的自性光明，心的本性就像光一样里外透明。心的自性光明（སེམས་ཀྱི་རང་བཞིན་འོད་གསལ་བ）这个词在《般若波罗蜜多经》中第一次出现了。当时摩诃衍那在阐释自己观点的时候引用了很多佛教经典，其中之一是《般若波罗蜜多经》。如果心的自性和本性是光明，那么心是一切的本体或者本源，心是本位思想，这个本位并不是任何人伪造出来的，是最初或本来就存在的最原始的本位。苯教的一些经典中出现这样一些词汇，比如“སྲི་མེས་ཆེན་པོ”，“སྲི”指一切，“མེས”指祖父；还有“ཡེ་ཕྱི་མོ”一词，“ཡེ”指本来、最初，“ཕྱི་མོ”指祖母；另外有“སྲི་གཞི་ཆེན་མོ”，“གཞི”指本位，和心的本性一样。还有“ཀ་དག”，这个词的意思就是清净的或者本来就是清净的。大圆满里面有一个思想叫“ཀ་དག་གི་ལྟ་བ”，意思是元始清净或本来无垢，大圆满修行者一般都承认这个思想，主要是指人的心是本来清净的。还有“ལྷུན་གྲུབ”一词，翻译成汉文应该是任运成就。如果说心是自然天成的，那就是说心是自性天成的。还有“ཡེ་ལྷུན”的说法，意思是从开始或最初就自性天成。这一思想称作“ལྷུན་གྲུབ་ཀྱི་ལྟ་བ”。元始清净和任运成就的思想较为相似，没有很大区别。如果说区别，藏传佛教的其他教派在修大圆满法时，一般叫“ཀ་དག་གི་ལྟ་བ”，即元始清净思想。到这儿有关大圆满法见地的大概内容已讲完。

隆钦饶绛巴（ཀློང་ཆེན་རབ་འབྱམས་པ）是宁玛派的著名学者，生活于公元 1308—1363 年间，他是第一位大量撰写大圆满教法著作的宁玛派学者。修持大圆满法的最终成就是获得虹身，也称之为光身。与大圆满法修持者辩论的格鲁派学者讲道：你们的虹身十分神奇，就像聂赤赞普等七代赤王飞上天界一样不留遗体在人间。不过，吐蕃赞普飞上天界的说法大多为传说，没有可靠的历史根据。

苯教大圆满思想方面，苯教掘藏师辛钦鲁噶生活于公元 996—1035 年间，他发掘的伏藏中有一本书叫《秘密九部》（གབ་པ་དགུ་སྐོར），书中提到了上面所讲的元始清净和任运成就的思想，是苯教较早记载大圆满法的一本书，后来很多学者对这本书进行了注释。

还有一种说法是，苯教赤达布使扎（ཁྱེའུ་དཀར་པོ་ཧྲི་ཙ）的《象雄耳传》（ཞང་ཞུང་སྙན་བརྒྱུད），是另外一个大圆满法的传承，来自象雄地区。在藏文中，“ཁྱེའུ”指童子，“དཀར་པོ”指无垢，“ཧྲི་ཙ”指男孩，不过是否为真实的历史人物还有待考证。如今，对于大圆满法起源于苯教还是佛教有很多说法。我认为大圆满法既存在于苯教，也存在于藏传佛教宁玛派，但是大圆满法本身没有交代起源于任何一方。宁玛派隆钦饶绛巴大师认为，当时只是莲花戒没能理解摩诃衍那的思想，其实摩诃衍那的思想与大圆满法的思想是相似的。如果有人对此有兴趣，可以参考我写过的研究大圆满法方面的专著。今天就到此结束。

主持人：卡尔梅教授在大圆满法方面有很深的造诣，同学们有问题的请抓紧时间提问。

问答环节

问：承认金刚虹体的宗派有哪些？不承认金刚虹体的宗派有哪些？

答：宁玛派和苯教认可虹身，其他宗派不认可。

问：成就金刚虹体有哪些类别？

答：主要有两类，第一类是修行者经过修行，获得成就后除了留下毛发和指甲外，不留任何身体的部分；第二类是修行者经过修行获得成就，临近去世时身体逐渐变小，最后变成微缩状。

问：贡布地区在苯教历史上占有什么样的地位？

答：我们从吐蕃时期的历史来看，贡布像是吐蕃王朝中独立的一个附属小国，这个从贡布地区的石碑里就可以知道，但石碑上我们找不到有关苯教的内容。不过从苯教的历史上看，苯教的创始人辛饶米沃曾经到过贡布地区，贡布地区的贡布苯日是苯教的一座神山，但是其被认定为神山的时间大约在公元 12 世纪，相对较晚。

问：从噶唐蚌巴奇佛塔的藏文文献和敦煌藏文文献看，苯教的创始人辛饶米沃大概是一位什么样的人？

答：关于噶唐蚌巴奇佛塔的具体修建年代并不是很清楚。目前有两个看法，第一种看法是噶举派帕木竹巴多吉杰布修建的，另外一种说法是宁玛派的娘·尼玛沃色修建的，不管怎么说，这两个人都是同一时期的，因此佛塔修建的年代较早，出土的文献也是较为古老的。从这个文献和敦煌文献看，关于辛饶米沃的描述大概是相似的，关于他称谓的写法，两个文献的写法都相同，两种文献都可以证明辛饶米沃在历史上真实出现过，但是他何时何地出现，目前还未找到更早的文献。

问：您可以大概介绍一下《象雄耳传》吗？

答：《象雄耳传》是苯教非常重要的一部经典，由二十多本书组成，主要是讲如何修行及如何获得金刚虹体。由于这部经典是六十多位大师代代口耳相传的，从这可以看出苯教的古老性，若从一代一代往上推，可以推到公元9—10世纪。然而，从文字特点上看，它不像敦煌的古藏文，现在看起来也是通俗易懂的。苯教徒认为这是传自象雄地区而不是印度的，所以非常看重。

问：《五部遗教》中的《妃子遗教》记载，赤松德赞的妃子蔡邦萨玛尔金因嫉妒毗卢遮那，使毗卢遮那流放到了嘉绒地区，这与您刚才所讲的内容有所差异，那么毗卢遮那是否曾被流放到嘉绒地区？

答：毗卢遮那是公元8世纪出现的历史人物，这一点是毋庸置疑的。认为他从印度带回许多经典并将其翻译成藏文，后来曾与蔡邦萨玛尔金出现过节，最后无法待在桑耶寺，被流放到嘉绒地区，这些观点最早出现于12世纪的历史文献，没有更早的记载可以来证明，我们无法找到关于记载当时这些事情的文献。

问：传统的说法是大圆满源自喜金刚（ཀྱེ་རྡོ་རྗེ），然后在藏地流行的。您的观点是什么？

答：我至今从未听说过大圆满源自喜金刚的观点。喜金刚是藏传佛教新密的一个本尊，是公元11世纪末出现的。喜金刚这个词是从梵文翻译过来的，所以，我认为大圆满不会是源自喜金刚的。

问：大圆满法的九乘是怎样的？

答：大圆满没有九乘的说法，九乘是苯教和宁玛派的说法，两者内容方面有差异。九乘的说法可能是公元8世纪出现的。九乘依次进阶后第九乘就是大圆满法。

问：藏族历史上哪些人获得了金刚虹体成就？

答：藏族历史上提到获得金刚虹体的人物很多，宁玛派和苯教都有，主要是通过修炼获得成就后不留遗体，我在这里就不一一举例了。

问：藏族的大圆满和汉地禅宗之间有什么样的区别？

答：大圆满和禅宗之间有很多相似之处，有些观点确实很相似，但是两者也不完全一样。毕竟是两个宗派的，至少传承是完全不一样的，但是，现在有些人根据隆钦饶绛巴提到的莲花戒没有完全理解摩诃衍那的思想，提出了一些大圆满和禅宗是一样的观点。

问：人过世后只留下心、舌、目，这与金刚虹体之间有什么样的区别？

答：我们经常听说某位上师圆寂时只留下毛发和指甲的说法，但人过世后只留下心、舌、目的有关记载，我在文献中没看到过。

问：老师您对虹体和光身有什么看法？

答：虹体是宁玛派大圆满法的观点，光身是新派密宗的观点。但本质是一样的。

问：如果从大圆满角度分析，宁玛派和苯教之间有哪些异同？

答：正如我前面所讲，其观点本身没什么不同。前面讲到的心的本性、元始清净、任运成就的思想等大致都差不多。但是两者的大圆满也有不同点：第一，传承不同；第二，两者对起源的认识不一样，苯教认为大圆满来自象雄，佛教徒认为大圆满来自印度。所以，他们之间既有相似之处，也有不同之处。

问：藏传佛教和苯教相互影响的过程当中，哪个对另一个的影响更大一些？

答：从大圆满的角度看，苯教对佛教的影响大一些。第一，金刚虹体这个概念在印度佛教里没有出现过。第二，一些格鲁派反驳大圆满的时候经常讲到“你们宁玛派所说的虹体和从赞普聂赤赞普到第七个赞普为止的赞普们没有留下遗体飞向天空的传说是非常相似的”，从这些方面看，苯教对佛教的影响更大一点。

问：若大圆满思想是佛苯共有，那是不是意味着藏族本土文化和印度文化存在某个共同的起源？结合这点，您能不能介绍一下喜马拉雅文化圈？

答：讲到大圆满的时候藏族有两种说法，第一种是苯教徒认为大圆满是从象雄传过来的，第二种是佛教徒认为大圆满是从印度传过来的。至于喜马拉雅文化圈，今天在这儿就不多讲了，喜马拉雅文化圈主要是以象雄冈底斯山为中心的，这个文化圈里面应该包括喜马拉雅山脉的全部周边地区。

问：苯教的根本思想或者世界观是什么？这个思想对我们有什么样的启迪？

答：无论是宁玛派还是苯教，都有九乘学说。例如，第一乘对平常人有帮助，第九乘是大圆满思想。对那些天资聪慧之人讲授大圆满教法，进行修持。对平常人讲授第一乘进行获益。从这方面来看，两者基本一样。

问：大圆满有天然成就或任运成就的说法，是什么要天然成就？

答：大圆满法认为人的心是天然成就或自然成就的。

问：宁玛派和苯教都承认大圆满思想，那为什么两者成为两个宗派呢？

答：两者的创始人不同，宁玛派的祖师是释迦牟尼，苯教的祖师是辛饶米沃，所以宗派也不同。但是，大圆满法的起源无法追溯到印度，可能起源于藏族本土。吐蕃王朝末期佛教衰落后，在宁玛派和苯教的一些教徒中逐渐形成了大圆满法的不同传承。

问：藏传佛教的大圆满思想和现在所说的唯物主义是不是相互矛盾？或者哪一个更符合科学？

答：大圆满和唯物主义是完全不一样的，唯物主义是我们经常所说的以实物为主的，大圆满主要是讲人心问题。唯心主义就很难证明其科学性。我们经常所说的科学是以唯物主义为基础的。

问：苯教和宁玛派的大圆满思想有什么区别？

答：从思想上说，苯教和宁玛派大圆满思想的观点基本相同。但是两者是不同的宗派，不同的创始人。宁玛派的大圆满法无法追溯到印度，因为没有这方面的可靠文献。所以，起源于藏族本土是两者的共性。

问：九乘在宁玛派和苯教中有什么区别？

答：简单来说，宁玛派和苯教的九乘是两个不一样的体系。另外，心识部、法界部和诀窍部的理论体系方面两者较为相似。但是，两者的九乘体系是完全不同的。

问：据说苯教的瑜伽师詹巴南喀和毗卢遮那之间存在师徒关系，那么毗卢遮那对苯教的发展作过什么样的贡献？

答：历史上确实有一种这样的说法，毗卢遮那是瑜伽师詹巴南喀的徒弟，赤松德赞当时禁止苯教的时候，詹巴南喀本来是苯教徒，后来被迫改为佛教徒，毗卢遮那当时帮助詹巴南喀将很多苯教书籍埋藏于地下，对苯教典籍的保护确实作过贡献。从这一点看，毗卢遮那是无宗派观念者。藏族有无宗派观念的说法，我认为无宗派观念的起源可以追溯到詹巴南喀和毗卢遮那，因为他们既认可佛教也认可苯教。

问：大圆满的主要神灵是哪个？苯教和宁玛派的大圆满是否有共同的神？如果没有，各自的神又是什么？

答：大圆满里本来就没有神灵或加持这样的说法，大圆满主要是讲心的本来面目或心的本性问题，两者都不讲神灵问题。

问：苯教和佛教是完全不同的两个宗教流派，那么，如果大圆满的观点来自苯教，宁玛派为什么会承认？反过来讲，如果大圆满观点来自宁玛派，苯教又为什么认可这个观点？

答：宁玛派和苯教本来就是两个宗教流派，两者的创始人不同，基本思想也不一样。但是从大圆满的角度看，它们两个也有共同点。不过，大圆满法的起源更像是藏族本土，我们无法将其起源追溯到印度。同时，念贝央和努桑吉益希时期苯教的大圆满法就已经存在。因此，由于大圆满法源自藏地而非印度，继而可能成了双方共有的教法。

问：老师可以讲一下您的论文集《藏族历史、传说、宗教仪轨和信仰研究》（མདའ་དང་འཕངས）中提到的摩尼教和基督教的有关情况吗？

答：吐蕃王朝第三十八代赞普赤松德赞所著的一本书叫《正论》（ཡང་དག་པའི་བསྟན་བཅོས），书中介绍了当时吐蕃各地存在的一些宗教和教派的观点，其中也提到了摩尼教和基督教的一些情况。当时的摩尼教在伊朗地区盛行，基督教在当时的希腊和欧洲地区盛行。当时吐蕃人通过汉地的资料和传说知道了这些宗教。

问：一身一世成佛的这个观点属于大圆满法吗？

答：是的，大圆满法讲一身一世成佛的观点。有些密宗经典里面也讲修行者经过七到八世或九到十世可以成佛的观点，而大圆满法的殊胜之处在于即身成佛的观点。

问：自性光明和阿赖耶识（ཀུན་གཞི）的标志是什么？

答：自性光明是大圆满里讲的心的本性，阿赖耶识一般指本性。如果这里的阿赖耶识是指佛教八识中的阿赖耶识，它们是有区别的。

问：莲花戒和摩诃衍那的思想是不一样的，从哲学角度看，他们的思想有没有高低之分？

答：从哲学角度看，这两个思想没有高低之分。

问：宁玛派和苯教大圆满思想的要点是不是完全相同？如果不是，又有什么区别呢？

答：大圆满在两个宗派里面有些地方是一样的，我并没有说完全是一样的。

问：对于大圆满的起源方面，藏族本土出现的苯教、印度出现的佛教和汉地出现的禅宗思想，这三个思想混杂在一起形成了大圆满思想。我们可不可以这样认为呢?

答：这个问题非常好。大圆满确实包含了藏族本土思想，也有印度的思想，同时还有来自汉地的禅宗思想。

感谢大家！同时很抱歉由于时间关系，有些问题没回答清楚。今天就到此为止。

主持人：今晚的讲座到此结束。感谢卡尔梅老师的精彩讲座！

传说与历史兼具的藏族历史撰写方法

主 讲 人：卡尔梅·桑丹坚赞 教授

主 持 人：才让太 教授

讲座语言：藏语

翻　　译：次仁达瓦 讲师

时　　间：2010 年 10 月 7 日 19：00—21：00

地　　点：文华楼西区一层学术报告厅

主持人：今天晚上讲座的主要内容是传说与历史兼具的藏族历史撰写方法。早前，我们请求卡尔梅教授开一场有关藏学研究方法的讲座，主要是因为同学们面临运用藏文文献的方法问题，因此，今晚的讲座会着重讲研究方法。大家掌声欢迎。

主讲人：大家好！今天我要讲的是传说与历史相兼的藏族历史撰写方法。关于藏族历史撰写方法，主要探讨一下早期的藏族历史是如何撰写的、何人撰写、何处撰写等问题。

藏族历史文献中很重要的一部文献是《巴协》。《巴协》有不同的版本，其中最重要的是《桑耶寺志》。除此之外，还有一本《巴协后补》。《巴协》本身是一部早期古文献的可能性很大，但是《巴协后补》中出现了大译师仁钦桑布等的名字，所以它是公元 11 世纪的文献。《巴协》的另一个叫法是《韦协》，敦煌文献里“韦”指一个家族的名称，也是吐蕃时期很重要的一个家族或一种族系。例如，桑耶寺的第一任堪布是韦益希旺波。因此，《巴协》被认为是韦氏家族中一人所撰写的，其原因是修建桑耶寺时，韦氏家族提供了重要支持。所以，《巴协》又叫作《桑耶寺志》。《巴协》的内容有“拉曲”（ལྷ་ཆོས）和“弥曲”（མི་ཆོས），“拉曲”是指天法，“弥曲”是指人道或俗世。今天我们主要探讨“弥曲”，即俗世。“拉曲”有好几种说法，但大多数都指有关佛教教义的内容。“弥曲”是指佛教以外世俗的事情。《巴协》记载，吐蕃赞普赤热巴巾讲了被称为《五史册》（ཅན་ལྔ）的史书，《五史册》是由五部史书组成的，赤热巴巾生于公元805年。根据《巴协》记载，《五史册》的第一部史书是“ཡོ་ག་ལྷ་དགེ་ཅན”。但“ཡོ་ག”和“ལྷ་དགེ”很有可能是错别字，正确的写法应该是“ཡི་གེ”和“ལྷ་གྱེས”。这个问题我们之后将会探讨。一些藏族教派史里有纠正《巴协》的错误写法。“ཡི་གེ”和“ལྷ་གྱེས”的写法最初出现在写于12世纪的《娘氏宗教源流》中。如果不参考《娘氏宗教源流》的写法去纠正，《巴协》中的“ཡོ་ག་ལྷ་དགེ་ཅན”在字面上表达不出任何意思。那么“ཡི་གེ”和“ལྷ་གྱེས”又具体指什么呢？“ཡི་གེ”指史书，“ལྷ་གྱེས”是从天而降的意思，比如吐蕃第一代赞普从天界降临人间。

《五史册》的后四部后面我会跟大家探讨。首先我们要探讨的是《娘氏宗教源流》里的“བོན་གྱི་ཡི་གེ་ལྷ་གྱེས་ཅན”。《五史册》可以指五部史书的名称，我们从《巴协》里只知道《五史册》的书名，没有解释其内容，连是否是一部书也不清楚。但从《娘氏宗教源流》里我们可以知道《五史册》原来是五部史书的名称。《娘氏宗教源流》由娘·尼玛沃色所著，他生于1134或1136年，圆寂于1204年。《娘氏宗教源流》的全称为《教法源流·花蜜精粹》。《五史册》在《娘氏教法源流》中的写法是“བོན་པོའི་ཡི་གེ་ལྷ་གྱེས་ཅན”（苯教史书天降说）。娘·尼玛沃色是著名的宁玛派大掘藏师。宁玛派源流中提到上下两部伏藏，上部伏藏是娘·尼玛沃色掘藏的。他居住在西藏山南洛扎玛悟觉（ལྷོ་ཚོག）地区，《教法源流·花蜜精粹》大概写于此地，不过教法史的后记中未出现著书地点。由于娘·尼玛沃色是伏藏大师，也是密咒士，能娶妻生子。根据《娘氏宗教源流》记载，有关“苯教史书天降说”的内容有苯教宣扬说、佛教秘密说、甚密说三种说法，其内容是第一代赞普聂赤赞普的出生来源说。

苯教宣扬说认为，聂赤赞普从天界降临到拉日江妥，即如今的工布一带，经达布地区（今西藏山南加查县境内）到雅砻地区，最后居住于雍布拉康。关于拉日江妥的确切位置有几种不同的说法，有人认为在后藏，有人认为在雅砻，但我们从工布一带发现的石碑上能够确定拉日江妥就在工布。

佛教秘密说认为，聂赤赞普从印度来到藏地，坐于当地人肩挑的宝座上称王。但是，关于聂赤赞普从天而降的苯教宣扬说为什么要宣扬，从印度来的佛教秘密说为什么要保密在《娘氏宗教源流》里没有详细交代。

甚密说认为，聂赤赞普既不是从天而降，也不是从印度而来的，而是一种叫“台乌让”（ཐེའུ་རང）族的后裔，从波沃（སྤོ་བོ）地区来到雅砻地区。

佛教传入吐蕃之前的吐蕃文明的根源需追溯到聂赤赞普时期。所以聂赤赞普从哪里来？他有什么功绩？这些问题极其重要。聂赤赞普因“从天而降来做天下之主”，是一位与普通人不同，具有神性的人。作为吐蕃第一代赞普，其后出现了四十多位赞普后代，因此，追溯族源显得十分重要。对于聂赤赞普从印度来的说法，恰白·次旦平措写的关于聂赤赞普来源的论文中反驳了这一观点，提出聂赤赞普是波沃地区的藏族人。

佛教秘密说认为，聂赤赞普是从印度来的，其主要原因是佛教从印度传到藏地，藏地因此变成了佛法圣地，这样第一代赞普的来源追溯到印度既显得非常重要也合乎情理。现在我要讲敦煌文献里出现的有关内容，敦煌文献 P. T. 1038 中记载了有关聂赤赞普族源的三种不同说法。

第一种说法为“སྲིད་པ་ཀུན་ལ་མངའ་མཛད་པ་སྨཱུའི་ཡང་སྨཱུ”。“སྲིད་པ་ཀུན་ལ་མངའ་མཛད་པ”指统治全世间，“སྨཱུ”是指天上有两个称之为“恰”和“穆”的不同地方，而吐蕃第一代赞普的族源是“སྨཱུ”。“སྨུ”撰写时一定要加一个“འ་ཟུར”。如果没有“འ་ཟུར”就含有算卦的意思。吐蕃赞普的族源为“སྨཱུ”的观点，可以从拉萨大昭寺前的碑文和工布地区雍仲崖的碑文来证实。这些石碑上刻有吐蕃第一代赞普的族源是“སྨཱུ”的记载。

第二种说法为“ཤ་ཟའི་རྒྱལ་པོ་གདོང་དམར་གྱི་རིགས”食肉红面王族之说。这里的“食肉族”可能是印度的一种风俗。“红面王族”的“红面”不仅仅指赞普，古时藏人亦被称为“红面族”，但也并不是说藏族人生来就面红，而是因为古时藏族人脸上涂抹红彩或红油来抵挡风寒日晒的缘故。

第三种说法为“ཁྲི་བར་ལ་བདུན་ཚིགས”。据说它是聂赤赞普的族源，是སྨཱུ་རྒྱལ་ཡབ་བླ་བདལ་དྲུག七个儿子中的第四子，这与上述第一种说法的“སྨཱུ”有关。而“བདུན་ཚིགས”指前三和后三之间的数字，即第四个。敦煌文献和《娘氏宗教源流》中的聂赤赞普从天而降的说法是相吻合的。

《娘氏宗教源流》的内容就到此为止。我们现在来探讨一下弟吴贤者和他的《弟吴宗教源流》。虽然我们知道弟吴贤者撰写了《弟吴宗教源流》，但目前还无法确定弟吴贤者是何人，以及此教法史写于何地等有关情况，不过可以确定的是，该教法史成书于公元 1261 年。该书讲聂赤赞普的来源时，出现了“ལྡེའུ་རབས”一词，如今一些学者的论文中使用“ལྡེའུ་སྒྲུང”（神话）一词，但在藏族历史典籍中并没有这个词，而在《弟吴宗教源流》中出现了“ལྡེའུ་རབས”一词。《弟吴宗教源流》中把聂赤赞普之后的历史时期称为“མངའ་དར”；而朗达玛之后的藏地分裂的历史时期称为“གྱེས་མདོ”或者“སིལ་ཆད”。弟吴贤者的《弟吴宗教源流》中提到“ཡི་གེ་ལྔ་གྱེས་ཅན”时写道“苯教秘密说和佛教宣扬说”，这与前面的《娘氏宗教源流》的提法恰恰相反。但是《弟吴宗教源流》里并未对这种不同的说法进行说明。根据《弟吴宗教源流》记载，苯教秘密说，即聂赤赞普从天而降的说法是秘密的，而聂赤赞普来自印度的佛教说法是宣扬的。然而，《弟吴宗教源流》之后出现的所有教法史都与《娘氏宗教源流》中的说法一样，从未出现过与之相反的说法。一般来讲，《弟吴宗教源流》比《娘氏宗教源流》更为详细，而且记载了很多其他宗教源流中未提及过的知识，是一部十分重要的典籍，其中还依次罗列了《五史册》的具体内容。因此，在13世纪弟吴贤者在世时，《五史册》这五部史书肯定存在，而且弟吴贤者在撰写《弟吴宗教源流》时可能参考了这五部史书。基于此，我们可以认定，虽然《五史册》现已失传，但《五史册》在13世纪是确实存在的。《弟吴宗教源流》之后的藏族史书中从未提起这五部史书，其原因可能是失传或未受到当时史学家的重视等等，具体原因我们还无从得知。后来出现的《西藏王统记》和《觉沃宗教史》等史书中，时而出现“藏族先前文献中如何记载”的说法，这里的“藏族先前文献”也许指的就是《五史册》。

《五史册》的第二部叫《红铜缺尾册》（ཟངས་མ་གཞུག་རལ་ཅན）。《弟吴宗教源流》和《娘氏宗教源流》中没有提及其内容。

第三部叫《九重联脊册》（ལྡེབ་མ་དགུ་བརྩེགས་ཅན），“དགུ་བརྩེགས”即九重，可能是指这部书的内容有九章或九部分。根据《弟吴宗教源流》记载，九部分分别为：何地出生、何人为父、执政时间、何人为妻、生有几个子嗣、大臣是何人、有何功绩、享年和何地逝世九个内容。今天我之所以引用《弟吴宗教源流》中提到的线索，是因为可以确定有一本详细记载这些内容的史书。大部分现有的教法史和王统史中，吐蕃赞普的名称及迎娶的王妃、生育的子嗣等情况存在严重混淆的现象，这对研究有关历史增加了难度。

第四部是《凌乱蓝首册》（ཞིང་ས་པོ་མགོ་སྔོན་ཅན），这部史书的具体内容在《弟吴宗教源流》和《娘氏宗教源流》中都没有提及。

第五部是《秘闻封印册》（གསང་བ་ཕྱག་རྒྱ་ཅན），其内容是对吐蕃历代赞普中出现的失明者或失聪者等秘密的记载。如《弟吴宗教源流》记载，问哪位赞普失明，其回答是达日年斯；问有几位赞普被弑，其回答是有十位等。《弟吴宗教源流》中较为详细地记载了其他书中没有的《五史册》的内容，这方面我曾撰写过研究论文。希望有一天《五史册》这个“谜”能够揭开。我认为《五史册》这五部史书在历史上一定存在过，并在 13 世纪时期弟吴贤者就曾引用过。

总之，藏族的史书是如何撰写或者这些史书的最初依据是什么的问题，在英文中叫作“historiography”。那么，我认为《五史册》这五部史书是藏族史书撰写的最初依据和材料来源。然而遗憾的是，我们还未曾找到这部书籍。

主持人：还有一点时间，在座的老师和同学们有问题可以提问。

问答环节

问：吐蕃第一代赞普从天而降的说法与藏族人祭山神之间是否有联系？

答：关于这个问题我前几天也讲过，藏文史料中有沃德贡杰与聂赤赞普有关的故事。沃德贡杰有好几个儿子，比如，念钦唐拉、雅拉香波等等，这些都被认定是山神并被进行祭祀。藏族早前的历史记载中表明聂赤赞普与山神有一定的关系。

问：藏地除了苯教和佛教之外，是否有民间宗教（Folk Religion）呢？如果有，是一种什么样的宗教？

答：研究人类学的学者认为，民间宗教在世界各地无处不在，但在藏地，除苯教和佛教之外的民间宗教是没有的。民间宗教属于区域性社会自然人共同的语言形式和信奉的信仰形式，这是有的。

问：与山神有关的“ཟེ་ཏོར”一词的意思什么？

答：“ཟེ་ཏོར”一词在《格萨尔王传》中经常出现，应该是康区的一个名称，我认为“ཟེ་ཏོར”是一个地方神。

问：在大圆满法里有“གཞོན་ནུ་བུམ་པ་སྐུ”（童子瓶身）的说法，它的内容是什么？

答：这里的童子指的是年轻人，瓶是平常所说的瓶子。大圆满法里确实有“童子瓶身”的说法。修行大圆满法的终极目标是能够获得虹体。那么获得虹体之后，心会变成光一样透明。这里“童子瓶身”是比喻。把修行人的身体比喻为宝瓶，修行者内外透明的心比喻为光。大圆满修成以后，心会变得内外透明而获得童子瓶身，这时就可认识身体中的心在何处以及其状态。

问：藏传佛教后弘期成书的史书中，认为赞普赤松德赞的母亲是金城公主，而在敦煌文献里说的是纳囊萨（སྣ་ནམ་བཟའ）。对此您有什么看法？

答：我想应该是纳囊萨。这个问题在学术界也有争论，但敦煌文献是比较早的文献，是较为可靠的。而金城公主之说是《巴协》中提到的。

问：藏传佛教历史分为前弘期与后弘期。那么前弘期的历史应该以什么史书为准，后弘期的历史又应该以何书为准？

答：到目前为止，我还没见过有专门撰写前弘期的历史或者只记载后弘期历史的史书，大部分史书对两者都有记载。

问：苯教史分为前后中三个发展阶段。如果我们要了解苯教历史，应该看哪部史书?

答：对此我没有特别的建议。但苯教尊者夏杂·扎西坚赞撰写的《善说宝藏》（ལེགས་བཤད་མཛོད）中记载了这三个发展阶段的详细历史。

问：有学者认为，当初迎请聂赤赞普的十二个人是当时十二个部落的首领，对此您有什么看法?

答：有些教法史或史料当中的确有这样的说法。但是这十二个人是不是十二个部落的首领，这点我不敢完全给予肯定。因为聂赤赞普本身是传说中的人物，不能确定历史上是否真正出现过。所以迎请聂赤赞普的这十二个人是十二个部落首领的说法也是无法肯定的。

问：聂赤赞普时期吐蕃的政治情况是怎么样的?

答：我刚才说过，聂赤赞普本身是一个传说中的人物，所以聂赤赞普时期的政治情况我也无法回答。

问：按照您的观点，聂赤赞普的真正来历是什么呢?

答：有关聂赤赞普的来历本身是个传说，因此其来历也有很多种说法，有从天而降之说、印度来之说、波密来之说，还有在敦煌文献里的食肉红面王族之说，等等。我认为，如果聂赤赞普是一位历史上真正出现的人物，那就需要确定其何时诞生、父母是谁、何地诞生等的历史，尽管有这些方面的些许记载，但我们还是很难确定他是否为真实存在的历史人物。然而，我们也不能据此而抛弃这些传说，传说非常重要，每个社会、每个民族都有自己的起源传说。无论是苯教的天降说或者佛教的印度说都没有说聂赤赞普是不存在的。之所以有不同的说法，是因为这些说法在各自的圈子中发挥着作用。

问：“བོད”这个词有好几种含义。有人说是外来词，有人说这个词的后加字“ད”是由“ན”转变的，实际上是“苯”的意思，也有人说指农业。按照您的观点，是什么意思？

答：确实有“བོད”这个词的意思为“བོན”的说法，尤其是苯教文献里说“བོད”是“བོན”这个词演变来的。但是，根据语言学的理论，“བོད”这个词更接近于呼唤或叫唤的“འབོད”。现今的诸多说法中很难断定这词的意思。现在藏地的很多地方找到许多旧时的东西，但我们的考古工作才刚刚开始，还没有扩展开来，因此，很难断定这些问题。

问：有人说，聂赤赞普因有异于常人的能力，所以被他家乡的人关在箱子里扔进河里，最后被一个农民发现了。这说法与《罗摩衍那》里悉达的故事很像，请问老师对此有什么看法？

答：这个问题也和我刚才说的一样，无法确定，因为毕竟是一个传说。但你刚才所说的悉达在农田中被发现的说法是有的，但聂赤赞普也被一个农民发现的说法，目前我还没见过。

问：有人说《巴协》是巴·赛囊所写，还有人说巴·赛囊是吐蕃“七试人”中的一位。对此您有什么看法？

答：我未曾见到《巴协》是巴·赛囊所著的任何根据。《巴协》中经常出现公元8世纪和公元9世纪的人物，尤其在《巴协后补》中出现了大译师仁钦桑布和拉喇嘛益西沃等人物，这些是11世纪初的历史人物，而巴·赛囊是8世纪的人。假设巴·赛囊撰写《巴协》的话，他也只能说是开了个头。因此，《巴协》由巴·赛囊所著的说法还需斟酌。

问：聂赤赞普时期是否已出现了苯教，这时期的苯教与辛饶米沃创立的苯教有何区别？

答：聂赤赞普是传说中的人物，我们无法断定聂赤赞普的生活年代，因此也无法说明聂赤赞普时期是否已经出现了苯教。然而，苯教文献记载辛饶米沃是聂赤赞普之前出现的，距今有将近 18 万年的历史，但是这种说法很难有科学依据。

问：按照藏族的传说故事，藏族人是猕猴与罗刹女结合而演变过来的。请问这个传说是否符合科学？或者是否有宗教的烙印？

答：这种说法显然受到了宗教的影响，因为它最早出现于《玛尼宝训》一书中。此书成书于公元 12 世纪末。在这之前的史书里从未见过这个传说。藏族人是猕猴与罗刹女结合而演变过来的说法是不符合科学的。人类的出现已有五千多年的历史，12 世纪末才出现的这个说法，我们没法追溯到最早，也没有任何依据。宗教上，猕猴是观世音菩萨的化身、罗刹女是度母的说法同样受到了一定的宗教影响。

问：佛教与苯教的关系是什么样的？苯教最初传播于印度，后来释迦牟尼照搬苯教创立佛教，之后流传于藏地的说法有依据吗？或者佛教是一种与苯教毫无关系的新兴宗教？

答：苯教最初传播于印度的说法是有的，但是释迦牟尼照搬苯教创建佛教的说法，至今我未见过任何依据。佛教传入藏地时，与苯教没有什么关系。但是，印度教十遍天（ཁྱབ་འཇུག་གི་འཇུག་པ་བཅུ）的十个化身中的一个是释迦牟尼佛，同样苯教“གཙུག་ལག་སྲིད་པའི་ཐུ་བཞི”的其中之一也是释迦牟尼佛。现今的说法是释迦牟尼是印度教中的一个化身，苯教中释迦牟尼是辛饶米沃的一个化身。然而，这些都只是一家之言，没有历史依据。

问：敦煌文献中止贡赞普（གྲི་གུམ་བཙན་པོ）的“གྲི”在藏文里有两种写法，一个是“དྲི”，另一个是“གྲི”，两种写法有什么区别，哪个较为正确？

答：吐蕃王朝之后出现的大部分佛教教法史中的写法是“གྲི”，敦煌文献的写法是“དྲི”，但是我认为敦煌文献也不完全是正确、毫无瑕疵的。因此，“གྲི”的写法较为适合，而且它本身也能够提供一些信息。

问：巴·赛囊是吐蕃时期的“韦”（དབའ）氏大家族的后裔，那么七试人中的其他人是否也出生于吐蕃时期比较大的家族？

答：有这样的说法，七试人大多为当时吐蕃时期的权贵或大家族。

问：您的作品集取名叫《箭与纺锤》。您取此名的缘由是什么？

答：箭代表男性，纺锤代表女性。古代社会里，男人一般外出务农打猎用箭，女人在家纺织做衣用纺锤，因而取此名。另外，结婚的时候男人要带一支箭，女方要带一支纺锤，也有这方面的联系。取这个名字的主要缘由是仿照印度经典的命名传统，再结合自己的民族文化进行命名。

问：朗达玛灭佛是否真正发生过？

答：朗达玛没有真正灭佛，而是改革了当时的寺院制度。朗达玛是吐蕃王朝的赞普，当时边境战事频繁，他只是做了一个赞普应该做的事情。

问：佛教教法史中记载朗达玛头上长了牛角，这种说法是否是佛教徒虚构的？

答：这肯定是虚构的，是藏族人自欺欺人的行为。头上长牛角的说法是没有人相信的，因此，这只能是当时寺院教育或者寺院权贵向他表示抗议的一种做法。

感谢大家！有些问题未能解答，很是抱歉。

主持人：今晚的《传说与历史兼具的藏族历史撰写方法》这场讲座很精彩。再次感谢卡尔梅教授。

藏族宗教中的无宗派观念

主 讲 人： 卡尔梅·桑丹坚赞　教授

主 持 人： 才让太　教授

讲座语言： 藏语

翻　　译： 才旺拉姆　教授

时　　间： 2010 年 10 月 11 日 19：00—21：00

地　　点： 文华楼西区一层学术报告厅

主持人： 今晚的讲座是关于藏族宗教中的无宗派观念。大家掌声欢迎。

主讲人： 扎西德勒！今天我要给大家讲关于藏族宗教中的无宗派观念。近年来藏族宗教在全世界范围内得到广泛的流传，我们有必要谈论无宗派观念。自古以来，无宗派观念存在于藏族宗教之中，但运用无宗派观念修行的人却很少。无宗派观念在藏族宗教中非常珍贵，它是藏族宗教的一个特色。无宗派观念这个词在英文中有两种译法，第一种是 univeralism，即普遍主义，无区别地修行所有宗派的观念，另一个跟前一种有一些区别，叫作 eclecticism，即折中主义，它是根据自己的兴趣选一个宗派修行，而不去反驳别的宗派。追随第二种意思的人们会选择自认为最好的宗派。无宗派观念是指没有偏见，它的反义词是有偏见的宗教观。一般偏见除了宗教以外，政治经济等方面也有涉及，但今天我们只讲关于藏族宗教方面的偏见观。宗派主义者在英文中是 sectarian。由于这种习惯的存在也有翻译为“sectarianism”。这种宗派主义观念有两种，一种是一个宗教不同派别之间的偏见，另一种是两个不同宗教之间的偏见。例如，藏传佛教中的不同派别，噶当派、噶举派、格鲁派等之间的宗派观念和佛教与苯教之间存在的宗派观念。sectarian 在西方基督教的不同宗派之间也存在相关言论。

今天所讲的无宗派观念从 8 世纪开始到今天都存在。公元 8 世纪莲花生大师来到西藏建立桑耶寺弘扬佛法。他作为一名印度人，藏地关于他的来源有两种说法，即莲花胎生和莲花化生。莲花胎生的观点认为，莲花生大师跟我们普通人一样是投胎所生，另一种则认为他是从莲花中化生而来。如果从科学和历史角度来论证莲花生大师跟历史人物一样的经历，我们应该认同胎生的这种说法。但是《莲花遗教》等书中有关莲花生大师的生平是以化生为基础叙述的。据说《莲花遗教》是乌坚林巴在 14 世纪掘藏出来的，是关于莲花生大师最详细的传记，这本书记述了莲花生大师的化生说法。如果莲花生大师是化生，人们会产生莲花生大师是否真的在历史上存在过的疑问。另外在苯教中关于莲花生大师有不同的记载。在苯教历史上有位叫箹巴朗卡的苯教贤者，《巴协》讲到佛苯之争时说佛教取得胜利，苯教文献则讲苯教获胜。总之，苯教被击败后箹巴朗卡被迫皈依佛门的说法也是存在的。我们不确定箹巴朗卡是否为历史上真实出现过的人物。史书记载箹巴朗卡有一位名为吴色巴玛的印度妻子，箹巴朗卡是一名象雄人，生有两个儿子，大儿子叫次旺仁增，弟弟叫雍仲顿珠，史书记载雍仲顿珠跟莲花生一样是胎生的。这些故事听起来像传说，但从中能看到历史的痕迹。公元 19 世纪嘉木样·钦哲旺波写过一本关于莲花生胎生的传记，莲花生胎生的说法至少从公元 13 世纪到 19 世纪一直存在。

白若扎那是公元 8 世纪的历史人物，他的传记叫《白若扎巴》（བཻ་

རོའི་འདྲ་འབག)，从这部传记得知筎巴朗卡和白若扎那是师徒关系，由于佛苯之争，苯教败于佛教，苯教的一些书籍不得不被埋藏。该传记记载白若扎那帮筎巴朗卡把书籍埋藏于石洞和寺庙。从白若扎那的传记可以知道他是一个佛苯同修的无宗派观念者。白若扎那的传记《白若扎巴》大概是13世纪末写的，从时间上看是一部晚期著作，但从内容上看这部传记的历史记载时间较早。掘藏者乌坚林巴生活于14世纪末，又名为苯贤雍仲林巴，他生于藏地，大多数时间生活于现在的不丹。因此，无宗派观念从8世纪一直延续到15—16世纪。

16世纪出现了第四世班禅罗桑却吉坚赞，他不仅是第五世达赖喇嘛的认定者和最大经师，而且还是格鲁派一位重要的大师。他著有一部《庙善法同大手印根本经意》，这本书的扎西伦布寺版本的第二页有这样一段话："一并同修噶吴玛，赋五平感四个字，希觉觉域大圆满，中观见等用词法，虽在各派起一名，聪慧渊博大学者，经验丰富老学者，一察便能知同意。"下面解释一下这段话的意思，第一个"一并同修"是大手印的一种观点，这一观点由岗波瓦（རྗེ་སྒམ་པོ་པ）提出，是噶举派的主要观点，即空性和慈悲的融合。岗波瓦又名达波拉杰，他是噶举派学者。第二个大手印噶吴玛中的"噶吴玛"是宝盒，指的是把空性和慈悲放入里面，这观点由克珠琼波提出。克珠琼波是香巴噶举派的创始人。第三个大手印"赋五"也是大手印的一种观点，它是由止贡噶举的创始人吉登贡布（འཇིག་རྟེན་མགོན་པོ）提出的。第四个大手印"平感"也是大手印的观点，它的讲授者是藏巴佳日，叫众生怙主藏巴佳日，他是竹巴噶举热隆寺的建立者，也是竹巴噶举派中非常重要的人物。他建立竹巴寺的时候响起了龙的声音，因此寺院起名为竹巴寺。他的跟随者都称竹巴哇。第五是四字大手印，四个字分别是啊、玛、纳、斯（ཨ་མ་ན་སི），啊玛纳斯嘎热的"嘎热"（ཀ་ར）是梵文，意思是"做"。那么这句话的意思是不为意识，观想空性是不被外界干扰，大手印四字观的讲授者不是很清楚。希觉是一个教派，希觉派由印度来的达摩祖师（ཕ་དམ་པ་སངས་རྒྱས）所创立，是在大波罗蜜多的基础上建立的。觉域派是风靡西藏的一个教派，把自己的身体分解成小东西来供奉的一个教派，由藏地享有盛誉的玛吉拉仲所创立。大圆满法是佛苯共有的一门教法，宁玛派认为大圆满法由莲花生大师和白若扎那所讲授。苯教的大圆满法叫《象雄耳传》（ཞང་ཞུང་སྙན་བརྒྱུད），耳传的意思是口耳传承，与告诫（ཞལ་གདམས）类似。据说讲授者是一位叫赤达布使扎（ཁྲིའུ་དགའ་པོ་ཧྲི་ཙ）的孩子。中观见的主要讲授者是宗喀巴大师，中观应成派是宗喀巴大师的主要观点。五世班禅大师在这段讲到，这些派别的最终思想是一致的，只是用词不一、名称有所区别而已。只要是一名聪慧渊博的学者就会明白这一点，而对于一名经验丰富的亲修者来说，这一点更是一目了然。上面这些观点可以概括为三个观点，即大手印、中观见、大圆满，所有教法都是一样的。既然教义都一样，为什么还要取不同的名字呢？是因为这些大师们是不同时代出现的，他们依照每个时代的需求起了不同的名字而已。

19 世纪出现了嘉木样・钦哲旺波和他的弟子贡卓・云旦加措。贡卓・云旦加措写了《无宗派观念教义》（རིས་མེད་ཆོས་འབྱུང）和《知识总汇》（ཤེས་བྱ་ཀུན་ཁྱབ）两部书，这两部书都讲到了无宗派观念。我们读各种教派史会发现一个问题，就是都会宣扬自己的教派，贬低别人的教派。这两部书里没有这种观念，作者按照无宗派的观念把这些宗派联系在一起。夏杂・扎西尖参有二十多部著作，他的无宗派观念是提倡各自学好自己的宗派，同时不对别的宗派有歧视。引用土观・洛桑却吉尼玛的《土观教派源流》（གྲུབ་མཐའ་ཤེལ་དཀར་མེ་ལོང）中的一段话来总结今晚的讲座，即“众认佛苯为二物，佛中有苯苯中附有佛，我无佛苯区分的慧眼，也无辨别的智慧”。

作为结语，我说一下虔诚与静观。在座的都是从事学术研究的，学术研究需要我们从科学手段入手，最重要的是需要我们不断地去考证。释迦牟尼佛也曾经提倡大家应该考证他所讲的话，然后再作决定取舍。我们作为研究者，如果有信仰，两者不矛盾。在研究藏学的外国学者中就有很多伊斯兰教和基督教教徒，他们研究时一般只研究客观对象。藏族学者研究客观对象时或许会产生疑惑，但是产生疑惑时，我们不用怀疑自身的信仰。我们相见时也不会问你是哪个教派，宗教是一种个体行为，而不是集体行为。今天就讲到这里。谢谢大家！大家有问题的话，我愿意答复。

主持人：在座的各位同学，有问题的可以提问，大家抓紧时间啊！

问答环节

问：苯教的大圆满和宁玛派的大圆满在观点上有什么区别？

答：在观点上我看不出有什么不同。

问：您在印度文献中有没有找到大圆满法的相关书籍？

答：在印度文献中没有大圆满法的书籍，因此噶举派和噶当派认为宁玛派的大圆满法没有佛经依据。郭·古巴拉泽和司徒·班钦说在印度文献中找不到大圆满法书籍，我同意这一点。

问：我们怎样区别历史人物和传说人物，辛饶米沃是其中的哪一个？

答：我们要想认定一个人是否在历史上真实存在过，首先要核实其父母、出生年月、出生地等的详细记载，如果没有具体的记载，那么这个人就是传说人物。莲花生大师和辛饶米沃等人物没有其详细的历史记载，除非对岩画、简牍上的有关文献进行考古，否则很难证明其历史人物的身份。但这并不意味着所有的传说都是假的，我前几天也讲过，从人类学的视角来看，传说是很重要的。通过传说故事，我们能够考察很多民族当时的历史，单从时代的演变来确认历史是很困难的。因此，谈到各民族和社会的起源时必须依靠传说故事。

问：《贤愚经》中的“舍身饲虎”等许多故事在《八千颂》里也出现过，那么，郭·法成译师翻译的《贤愚经》是从汉文本翻译成藏文的吗？

答：《八千颂》里确实有许多《贤愚经》当中的故事，但佛祖“舍身饲虎”的故事好像不在其中，郭·法成生活在敦煌一带，他是一位藏汉精通的学者，写了很多藏、汉文著作，在公元9—10世纪期间，他把《贤愚经》从汉文翻译成了藏文。

问：吐蕃末代赞普朗达玛灭佛以后到大译师仁钦桑布和喇钦·贡巴热萨期间能否称为中弘期？

答：这个没有什么不妥之处，但先贤们没有这样的说法。你说的从朗达玛灭佛到佛教后弘期之间的时间段为佛教中弘期的说法本身没问题。然而到目前为止，还没出现过这种说法。

问：老师您作为一名研究者是否秉承着无宗教观念，或者作为一名有信仰的人是否秉承着无宗派观念？

答：我是在一户苯教家庭中成长起来的，小时候进入苯教寺院学习，后来又入佛教寺院学习，再后来去了国外，因此，我没有宗教偏见观念。但这并不代表自己以一名无宗派观念者而自豪，而是藏族人作为世界中人口很少的一个民族，如果人们以自身不同宗派而对其他宗派的人有偏见，对民族是弊大于利的。所以，宗派观念说到底是件无意义的事情。

问：藏族很多掘藏师名字里含有“林巴”（གླིང་པ）这个词，其含义是什么？

答：这个问题很好。“林巴”这个词的确出现于大部分掘藏师的名字里，藏地有像乌坚林巴等名字里含有“林巴”的九名掘藏师。宁玛派的史料里我没有见过相关的解释。有观点认为，莲花生大师在一个叫“桑朵巴热”（ཇ་ཡུལ་ཟངས་མདོག་དཔལ་རི）的小岛上，掘藏师希望今生或来世能够赶往那座岛去拜见莲花生大师，因此掘藏师的名字里含有“林巴”一词。

问：噶陀·仁增次旺罗布在无宗派观念上有何贡献？

答：噶陀·仁增次旺罗布去往印度，在尼泊尔西边和冈底斯一带传扬弘法，他自称其是佛教徒，而不是宁玛派。

问：藏族历史上什么时候出现“多堆”（མདོ་སྟོད）和“多麦”（མདོ་
སྨད）的区分？

答：“多堆”和“多麦”在敦煌文献里出现过，所以这种分法大概是在公元10世纪之前。我无法断定具体时间。如果我们编有像英文词典那样详细记载每一个词的出现时间以及出处的词典，那么我们就很容易断定这个词的出处及其出现的时间。我们藏地还未开始这样的工作。因为没有词典，这个问题我现在没法回答。如果有词典，像多康这样的词出现于什么时候，出处是哪本书等情况会详细记录在词典里。在英国，每出现一个新词都会详细录入词典。

问：大手印和“白色一胜”（དཀར་པོ་ཆིག་ཐུབ）有何区别？

答：“白色一胜”这一观点是由达布拉杰提出，达布拉杰（དྭགས་
པོའི་ཐར་རྒྱན）的《大乘道次第·解脱庄严论》中对这一词有和大手印意思相同的解释。“白色一胜”是一个药的名称，这一药拥有很多药的效力。达布拉杰是一名医生，因此他借用了这一词。

问：在西藏，无宗派观念最先由谁提出的？

答：我很难具体指出是哪位学者首次运用无宗派观念，但从行为上来看，白若扎那既修行佛教也修行苯教，他应该是第一个无宗派观念者，但目前还未找到他的著作。因此，无宗派观念的首次提出者是谁的问题当前还没法确定。

问：西藏无宗派观念中是否包括觉囊派？其原因是什么？

答：西藏宗派很少用无宗派观念来宣扬自己的宗教。藏地宗派中有宣扬自己见地反对别人观点的教派，有无宗派观念的宗派，但真正秉持其观念去弘扬佛法的很少。无论宗教徒还是宗教研究者，秉持无宗派观念是极其重要的，觉囊派很难被包括在无宗派观念中，因为其他教派不承认觉囊派在其见地中的佛陀的名称和容貌方面的描写。

问：佛苯无派别的观念是在佛中有苯、苯中有佛的观念基础上逐渐形成的。请您解释一下佛苯无派别观念的形成。

答：佛教是在 7 世纪松赞干布时期传入西藏的。我认为佛教最初是带着印度人的思想传入西藏的，当时西藏以藏族人本土思想和与藏族社会相符合的苯教文化为基础。不管佛教传到藏地、汉地、日本或者其他地方，每个地方都有其本土思想和文化习俗，佛教绝不可能以最初的形式传播到某个地方，佛教传播到哪个地方都要遵循和迎合这个地方的风俗习惯，所以任何宗教在传入过程中都融入了当地民族的思想文化和风俗习惯，这个观点在人类学中也是认可的。佛教在传入过程中融合了当地的思想和习俗、宗教等因素，佛中有苯、苯中有佛的佛苯无派别是这样形成的。

问：神山与虔诚崇拜之间是怎么产生关联的？或神山崇拜是怎么产生的？

答：在神山圣地居住着很多贤德大修为者，他们留下了很多手印和足迹，所以人们去朝拜、恭敬神山。朝拜有不同形式和方式，包括磕头、转山、不持邪见等。

问：大手印中手印一词的意思是什么？

答：噶举派的主要观点是大手印，有些人解释说手印是秘密，大手印是大秘密的意思，但这一解释并不被噶举派大师所认可。

问：有学者认为桑耶寺的名字由“三样”一词音译而来，对此您怎么看？

答：我有看过持这种说法的一篇论文，但桑耶一词是藏文，从汉文音译过来的说法是错误的。藏文中的全称是“བསམ་ཡས་མི་འགྱུར་ལྷུན་གྱིས་གྲུབ་པ”，意思是无法估量，超越想象，不变的自然完满之义。

问：藏地民间的煨桑经是莲花生大师传到藏地的吗？煨桑的经文是作家文学还是民间文学？煨桑经和道歌之间有什么关联？

答：煨桑经是莲花生大师所传的说法是存在的。但是，我认为煨桑经是藏地本土的风俗习惯，而不是印度人带过来的或印度的风俗。嘉木样·钦哲旺波写过一本书，书中有藏地煨桑习俗由印度点香习俗发展而来，点香和煨桑基本一样的观点。但是，我认为“བསང”是“供”的意思，含有清洁、干净的意义，它是用火把有污的东西弄干净。另外，煨桑时需注重干净，不然会惹怒山神。这些观点都是藏地本土思想，不是印度人的思想。煨桑经属于民间作品。煨桑经与道歌之间没什么联系。

问：第五世达赖喇嘛罗桑嘉措是无宗派观念者吗？

答：五世达赖喇嘛从6岁到26岁之间在哲蚌寺学习了格鲁派的因明等佛经，后来到色拉寺，拜帕绷卡（ཕ་བོང་ཁ）的一位宁玛派大师为师，从他那里接受了大圆满法以及很多密咒的亲传，对宁玛派很是崇敬。后来在修缮布达拉宫之前，为了风水平安从各地请来苯教法师供奉煨桑，把黑白花（ཀླུ་འབུམ་དཀར་ནག་ཁྲ་གསུམ）三种鲁瓶埋藏在地底下，从这些行为来看，可以说他是一名无宗派观念者。

问：巴果·白若扎那大师从佛经翻译到苯教的经典被称为“译苯”，从这开始有了“译苯”一词，白若扎那为什么要把佛经译为苯教？

答：我没见过白若扎那把佛教文本译成苯教的记载。译苯（བསྒྱུར་བོན）、恰苯（འཁྱར་བོན）、朵苯（བརྡོལ་བོན）的说法是12世纪中期出现的。止贡教派的创始者止贡觉巴吉旦贡布的一部著作中提到“如果信仰苯教的话找不到真谛”，对此他的侄子西热迥乃写有一本叫作《止贡唯一经义》的书，这部著作提到了“译苯”“恰苯”“朵苯”。他认为“译苯”是从佛教译成苯教的苯教传统。“恰苯”是流传在印度的外道被苯教所吸取的部分。“朵苯”是自然的苯教，就像草原上出现的泉水一样。苯教本身不认同这样的分类。国外的学者在这方面做了很多研究。

问：大圆满的起源存在很多说法，您提到的莲花生大师所传的依据是什么？

答：第四世班禅罗桑却吉坚赞的著作中没有特别提到这一点。但在其后出现的这本书的注释里讲到大圆满为莲花生大师所传。据说有一本莲花生大师所著的《མན་ངག་ལྟ་བའི་ཕྲེང་བ》的古文书，在努桑杰益西的一部著作当中有提到，而努桑杰益西是11世纪之前的人。

问：无偏见的观念有何益处？如果无宗派观念广泛发展使宗派间没有偏见，不会出现宗教分裂的危险吗？

答：无宗派观念不会引起宗派分裂，我们对其宗教秉承虔诚心，是对信奉自己所信仰宗教的同时，对其他宗教给予尊重、不冷嘲热讽。

由于时间关系，还有些问题没能回答，对此表歉意。感谢大家！

主持人：今晚的讲座到此结束。感谢卡尔梅教授讲的《藏族宗教中的无宗派观念》讲座。

不丹多吉林巴（雍仲林）的传记

主 讲 人：卡尔梅·桑丹坚赞　教授

主 持 人：才让太　教授

讲座语言：藏语

翻　　译：周拉　副教授

时　　间：2010 年 10 月 14 日 19：00—21：00

地　　点：文华楼西区一层学术报告厅

主持人：今晚是卡尔梅教授的最后一场讲座，讲座的主题是与不丹多吉林巴有关的内容。大家掌声欢迎。

主讲人：大家晚上好！今晚我要讲的题目是有关不丹的多吉林巴或雍仲林的一些历史贡献。首先我大概介绍一下有关不丹的情况，其次，再讲有关多吉林巴的历史及其贡献，他是一名精通苯教和宁玛派的掘藏大师。

首先，Bhutan 是现今叫不丹的地方，也就是藏语里所称的“འབྲུག་ཡུལ”。今天我要讲的内容基本上和不丹中部的本塘（བུམ་ཐང）地区有关，也会提到一些不丹西部巴卓（སྤ་གྲོ）地方的情况。在公元 13—14 世纪，不丹这个词还没出现在藏语里，那时藏族人称不丹为门隅（མོན་ཡུལ）。因为当地居民叫门巴（མོན་པ），人们所居住的地方就称为门隅。然而，实际上不只是不丹，从不丹南下杂日（ཚ་རི）一带的人也称之为门巴。

藏文诗歌和赞颂文里，把不丹赞称为南部檀香林。我多次前往不丹，主要目的是通过人类学和社会学的角度去研究和考察有关不丹的情况。在公元 13—14 世纪，藏族人把不丹假设为神秘的地方（སྦས་ཡུལ），在藏族地区本地也有很多被称为神秘或隐藏的地方。比如，以前蒙古大军进藏，藏地一些活佛和僧人，为避免战争带来的破坏，他们自称要去神秘的地方。同样，隐藏一些贵重的经典和佛像的地方也被称为神秘的地方。松赞干布时期，以拉萨为中心修建了很多镇魔寺，其中一些寺院就建在不丹。据说藏地的地图被认为是个魔女仰卧之形，有松赞干布修建十二镇魔寺以镇压魔女四肢关节的记载。门隅有两处寺庙，分别是巴卓阶曲寺庙（སྤ་གྲོ་སྐྱེར་ཆུ་ལྷ་ཁང）和本塘弥勒殿（བུམ་ཐང་བྱམས་པའི་ལྷ་ཁང）。这两个寺庙属于再镇（ཡང་འདུལ）寺庙，巴卓阶曲寺庙位于现今不丹的帕卓地方。本塘弥勒殿，位于本塘地方。巴卓阶曲寺庙位于魔女脚面的内侧，叫阶曲寺庙，位于巴卓地方，所以全名叫巴卓阶曲寺庙。弥勒殿位于本塘地方，从魔女的图像上看，位于左膝盖上。在公元 13、14 世纪，有藏族的一些修行者和瑜伽师专门前往不丹朝拜这些寺院的传记。

下面给大家介绍一下藏巴佳日（གཙང་པ་རྒྱ་རས）。藏巴佳日是噶举派的一位上师，他是藏地竹绛曲林（འབྲུག་བྱང་ཆུབ་གླིང）寺院的建造者，他还修建了另一个较大的寺庙叫竹拉隆寺（འབྲུག་ར་ལུང་དགོན）。竹绛曲林在拉萨曲水县的南部，竹拉隆寺在江孜县的南边。竹拉隆寺是竹巴噶举最大的寺院。藏巴佳日在建竹绛曲林寺时，因听到三声雷，所以就给寺院取名竹绛曲林。从此噶举派中出现一个分支叫竹巴噶举。竹拉隆寺院一直存在拉隆家族的传承人。夏仲阿旺朗杰（ཞབས་དྲུང་ངག་དབང་རྣམ་རྒྱལ）是竹拉隆家族的后代。夏仲阿旺朗杰十六七岁时，与当时后藏首领第司彭措朗杰（སྡེ་སྲིད་ཕུན་ཚོགས་རྣམ་རྒྱལ）因意见不合而发生了矛盾。他们因一件大事发生矛盾，当时第司彭措朗杰要求夏仲阿旺朗杰把那座珍贵的佛像交上来，而那座佛像是出自藏巴佳日灵塔里的观世音菩萨（ཁ་སརྤ་ཎི）的佛像。当第司彭措朗杰提出这个要求时，夏仲阿旺朗杰认为要把寺院里最重要的佛像交给第司彭措朗杰是不可能的。因此，夏仲阿旺朗杰离开拉隆寺，带着佛像去了门隅。

夏仲阿旺朗杰没到门隅之前，门隅就已经有些藏传佛教噶举派的寺院，以及萨迦派、格鲁派、宁玛派等宗派。夏仲阿旺朗杰作为噶举派僧人，噶举派寺院都非常欢迎他的到来。后来，夏仲阿旺朗杰不仅把门隅的很多寺庙收归麾下，而且还把当地的萨迦派、宁玛派、格鲁派的寺院都改为了噶举派寺院。

当时因夏仲阿旺朗杰和后藏第司彭措朗杰之间存在的矛盾和冲突，夏仲阿旺朗杰到不丹以后给藏巴第司写了一封信，我在他的传记中看到了这封信，对此我曾经专门写过一篇论文。在这封信里他对第司彭措朗杰说："现在，你对拉隆寺可以任意行事了，放火也可以，扔到水里也可以，我在这边有一处很好的地方。"

夏仲阿旺朗杰是公元 1617 年，即五世达赖执政时期。当时藏巴汗派他的军队前往不丹，想把夏仲阿旺朗杰抓回来，但是夏仲阿旺朗杰在不丹有禁卫军，所以没能抓住。

因夏仲阿旺朗杰到门隅以后参与政府工作，建立自己的政权和军队，所以跟卫藏对立了。五世达赖喇嘛在小时候写过一首诗，其中称"噶举派和竹巴、苯教三者是佛教的隐患"（བཀའ་འབྲུག་བོན་གསུམ་བསྟན་པའི་ཆོམ་རྐུན་རེད），但是五世达赖喇嘛在自传中对此解释说："这首诗是他小时候写的，是不成熟的，现在的想法跟这不一样。"

夏仲阿旺朗杰到门隅以后，建立了一个有政权性质的大寺院，叫雄扎仓（གཞུང་གྲྭ་ཚང）。雄扎仓的住持和地位最高的僧人被称为杰堪布（རྗེ་མཁན་པོ）。从此以后，这地方不再叫门隅，而是被称为不丹（འབྲུག་

ཡུལ）。如果把不丹分成两个部分，其整个西部都是竹巴噶举，东部一带是宁玛派。然而，现在在不丹，僧人和活佛没有政治上的特权。大约公元 1907 年，不丹有了第一任国王。到现今是第五代国王。

历史上，像西藏的竹巴衮勒（འབྲུག་པ་ཀུན་ལེགས）这样的大喇嘛也曾到过不丹。众所周知，竹巴衮勒有点疯疯癫癫。在藏族历史上，有被称之为前藏疯子、后藏疯子、康区疯子的，竹巴衮勒是前藏疯子。他到不丹之前是藏族，但因他在不丹一带活动较多，所以现在很多人把他当成不丹人。竹巴衮勒也写过关于色情淫秽的书籍，现在对竹巴衮勒有兴趣的也研究这些书籍。另外宁玛派的隆钦饶绛巴（ཀློང་ཆེན་རབ་འབྱམས་པ）大师也曾到过门隅（不丹）。隆钦饶绛巴在门隅建过一些寺庙，其中塔巴林（ཐར་པ་གླིང）寺庙比较有名，现今变成了一座很大的寺院。

现在不丹的首都叫作廷布（Thimphu）。不丹有很多“宗”（རྫོང），相当于藏地的县级行政区划，但我们还是翻译成“宗”比较好。现在我们来谈一下不丹的服饰文化，不丹的服装有点像藏装，但是他们的穿法和我们不一样。穿白色袈裟的社会等级是最低的，比这高的穿红色袈裟，不丹国王也就是地位最高者穿黄色袈裟。每个“宗”的服饰穿戴都不同。藏族人的腰带可以根据需求随意穿戴，但是他们的不太一样。这些腰带的布料都是不丹人手工自制的。

在不丹帕卓宗的西部，有一座建在山上的修行庙，这个庙的名称叫巴卓达仓狮子洞（སྤ་གྲོ་སྟག་ཚང་སེང་གེའི་ཕུག）。巴卓达仓狮子洞是莲花生八大称号（གུ་རུ་མཚན་བརྒྱད）之一，莲花生八大称号是莲花生化成八个喇嘛上师的称号，其中一个称作乌坚金刚卓罗（ཨོ་རྒྱན་རྡོ་རྗེ་གྲོ་ལོད），而乌坚金刚卓罗的化身地或修行处就是这个地方。据说很多宁玛派掘藏大师曾到过这个地方，并在这里掘出过很多伏藏的文献。同样，宁玛派的掘藏师多吉林巴，也称古贤雍仲林巴（སྐུ་གཉེན་གཡུང་དྲུང་གླིང་པ）大师也曾到过帕卓达仓狮子洞，并曾掘藏过一本叫《苯教大圆满金筷》（བོན་གྱི་རྫོགས་ཆེན་གསེར་ཐུར）的大圆满书籍。这是一本跟其他大圆满思想有很多不同之处且独具特色的大圆满经典。

乌坚曲林（ཨོ་རྒྱན་ཆོས་གླིང）是掘藏师多吉林巴（རྡོ་རྗེ་གླིང་པ）的住处，位于不丹的本塘地方，而本塘位于不丹中部。乌坚曲林位于本塘较北的地方。如果从乌坚曲林往北走，就能到西藏山南的廓塘（མཁོ་ཐིང）寺庙。乌坚曲林有多吉林巴的宫殿，是乌坚曲林后代的住处。在底下有一座大寺庙，另外也有工作人员的办公处。我曾经在这座寺院的藏经阁里编辑目录，在那里我看到了一些在别的藏经阁里见不到的藏文文献。多吉林巴家族的后代现在还住在这座宫殿里。多吉林巴的手抄文集有二十一部，但是多吉林巴掘藏出来的有关苯教大圆满思想的那本《苯教大圆满金筷》却不在其中。在其他地方找到的《苯教大圆满金筷》现今已出版。多吉林巴从小认为他是白若扎那（བཻ་རོ་ཙ་ན）的转世，所以他对佛教和苯教没有宗派观念，同时修行两者。在乌坚曲林的文集里有三本有关他的传记，即大小中传。

在乌坚曲林的藏经阁里有很多珍贵的书值得我们去研究。不丹主要有两个大的教派，北部主要是竹巴噶举，东部主要是宁玛派。但是，像乌坚曲林这样的，在宗教文化上不是不能并存。

关于不丹地区、不丹宗教、不丹的历史大概就是这样。不丹现在作为独立的国家，在联合国也有其代表。不丹的国土中 80% 是被森林覆盖的。他们做了很多保护自然、防止污染、防止破坏的环保工作。

今天我的讲座就到此结束。各位有什么问题我可以回答。

主持人：同学们有问题吗？有问题的都可以向教授提问。

问答环节

问：请您讲一下有关天珠（གཟི）及其文化现象，以及一些相关的书籍和论文。

答：天珠是我们藏地特有的一种宝石，英文里叫 agate，但没法完全肯定是天然的石头。藏地有九眼天珠这样的说法。我还没见过对此专门写过的书籍。公元 18 世纪有位叫第玛旦增彭措（དེའུ་དམར་བསྟན་འཛིན་ཕུན་ཚོགས）的学者，写过一本《晶珠本草》（ཤེལ་གོང་ཤེལ་ཕྲེང），这本书有提到天珠。

问：苯教的大圆满和宁玛派的大圆满有什么共同点？

答：关于这个问题上次也回答过几次，苯教的大圆满和宁玛派的大圆满在思想和见地上没有什么不同，两者的不同点在于其传承和典籍。

问：在不丹苯教和宁玛派能够并存的原因是什么？是因为两者之间存在共同特点的缘故吗？

答：在不丹不是所有寺院都共存苯教和宁玛派。只有像乌坚曲林这样的寺院才存在并存的现象。多吉林巴到雍仲林巴时，他同时修行苯教和宁玛派教义，是因为多吉林巴相信自己是白若扎那的转世。然而，这只是一段历史现象，现今乌坚曲林的后代中没有特意修习苯教的。我在前面讲过多吉林巴文集有二十一本书，我以为这个文集里会有《苯教大圆满金筷》，但实际上是没有的。

问：不丹使用的文字是藏文吗？不丹的语言和藏语有区别吗？

答：其实不丹的文字就是藏文，不是别的文字。只是里面的写法和用词可能跟藏文不太一样，就像我们藏语里的安多康巴卫藏等方言的一些写法和用词。从语言上看，不丹通用语言被不丹人称为“宗卡”(རྫོང་ཁ)，实际上是一个县的方言，就像安多话和康巴话一样，没有其特殊的不同。但是，当我们一到不丹就想听懂可能有点困难。例如，在他们的语言中，ཡ་ཕ 读作ཡབ，བླ་མ 读作བླམ，ཡ་མ 读作ཡམ。

问：如果夏仲阿旺朗杰到门隅以前，门隅已经存在萨迦派、宁玛派、格鲁派等宗派，那么，夏仲阿旺朗杰没到门隅之前的藏传佛教的这些宗派是谁在什么年代建立和传播的？

答：夏仲阿旺朗杰大概是公元 17 世纪到门隅的。据说在这之前有个叫五位喇嘛（བླ་མ་ཁག་ལྔ）的人说过，在夏仲阿旺朗杰以前曾经有萨迦派、宁玛派、格鲁派等宗派弘扬佛法。据说最初传播的是噶举派，在公元 12 世纪末一位噶举派上师到过门隅。虽然在这之前肯定也有弘扬教法的人和事，但是没有确切的历史记载。另外，可以确定以前就有的一个依据是刚才我提到的帕卓吉曲寺庙和本塘弥勒寺，这两个寺庙据说是松赞干布时期建立的。

问：不丹有过政教合一制度吗？

答：有过政教合一制度。竹巴阿旺朗杰到不丹以后建立政府，既当上师又当国王，那时期就是政教合一的形式。竹巴夏仲阿旺朗杰转世划分为身、语、意三个系统，此后的历辈夏仲活佛均为名义上的政教领袖，不再享有阿旺南杰那样的权威。

问：不丹的民族成分是怎么样的？大概有多少人口？主要使用哪种语言？

答：不丹的民族主要成分是门巴族，实际上和山南地区的藏族差不多。人口据统计是 75 万左右，他们的语言是“宗卡”语，但是公元 1950 年以后，主要使用英语，现在大多数人都讲英语，英语水平普遍较高。

问：多吉林巴是后代传承制，到目前为止是第几代？

答：这个没有具体统计过，现在是有多吉林巴家族的后代，但从 14 世纪至今传了多少代的问题，没有具体的数据。

问：藏文是不是吞弥·桑布扎创制的？吞弥·桑布扎以前到底有没有藏文？

答：一般我们认为藏文是吞弥·桑布扎创制的，但是现在有些研究者对这个观点提出了质疑，即一个人并不能在很短的时间里创制一种语言文字。另外，吞弥·桑布扎到印度创制藏文之后立即翻译《宝箧经》等经典的说法也存在很大的疑点，因此，在这之前可能有另一种文字。

问：据说现在不丹人音译了《甘珠尔》和《丹珠尔》的所有内容，他们这么做的原因是什么呢？

答：不丹人并没有完全这么做，只是关于《甘珠尔》和《丹珠尔》的语言，他们称为“ཆོས་སྐད”，也就是佛经语。但是不丹人自己一般是用“宗卡”，所以他们只是在佛教语和宗卡语之间做了个转换。

问：我认为不丹在处理传统文化的传承和现代化之间的矛盾方面做得很成功，这对我们藏族社会发展有什么启示或值得学习的地方？

答：确实是这样的。不丹已经是现代化社会了，不丹人在公元 17—20 世纪之间写过很多书，这些书完全是用佛经文（ཆོས་སྐད）撰写的。但是这些书只有寺院里的僧人去学习和使用。在学校里基本上是用英语教学，阅读也是英文书，包括思维方式也受英文影响。从这个方面来看，他们在现代科技方面得到了很大的进步和学习。然而，不丹人在文化方面和藏族社会有很深的关联，我们作为研究人员，需要对这些问题加以思考，进行研究。

问：据说不丹有全民幸福总值这样一个概念，这是一个什么样的概念？

答：现在很多地方对一个地区的发展总是用国民生产总值来衡量，

而不丹认为一个民族和地区的发展指标不应该完全从生产总值去衡量，应该通过环境舒适、干净等方面来提高生活质量，提升人民的幸福指数，而不只是看生产总值，大概基于此他们提出了这样一种概念，也有很多人不认可。

问：现在网络上有很多关于苯教是不是佛教方面的争论，对此先生有什么看法？

答：很多人认为佛就是释迦牟尼，实际上佛不一定指释迦牟尼，我们过去有很多佛，未来也会出现上千个佛。佛教也不是仅指释迦牟尼的宗教。苯教也讲佛，也有佛的名称，因此，苯教徒所讲的佛不指释迦牟尼，而是指辛饶米沃在内的很多苯教佛。这种争论往往是从佛是指释迦牟尼的认识上引起的，这种观念是有问题的。

问：更敦群培认为朵玛（གཏོར་མ）是藏地特殊的文化现象。对此，您有怎样的看法？

答：其实朵玛这个概念在印度也有，是从梵文 balingta 翻译过来的，所以，我认为这不一定是藏地独有的文化现象。当然，我并不是反对更敦群培的说法。

问：藏族史书里面有这样一句话："如果不知道自己的身世，就像门隅孩子一样"，对于"门隅孩子"应该怎么理解，指哪个地方？

答：公元 13、14 世纪，藏地僧人到不丹时会说到门隅去，例如隆钦饶绛巴、多吉林巴等大师前往门隅时，其实是去不丹。因此，不丹是门隅。但是，门隅不仅仅指不丹，还有西藏境内的杂日和山南地带，这些地方都是门隅一带。以前这一带人的生活方式确实和藏地有些不一样，他们常头戴草帽，身穿草衣，房子也是草屋，当地人称作门巴。解放以前，很多藏族人到杂日朝圣时，遭遇当地门巴人偷盗，后来为了藏族人安全地去朝圣，当时的西藏地方政府在每年朝圣季节会派地方军队保护朝圣者。

问：藏族人和不丹人之间有没有血缘关系？

答：我认为两者之间应该存在血缘关系，夏仲阿旺朗杰本身是竹巴拉隆的后代，从江孜拉隆地方去了门隅。他到了门隅以后很受尊敬，现在不丹人把他看作国父，从这个角度来看，存在血缘关系的可能性是很大的。

问：据说莲花生大师的《教言集》（བཀའ་བསྡུས），是对未来的预言，老师能不能讲一下与此相关的知识？

答：确实有这样的说法，但是我对这个不是特别关注。这可能因为有其预言的因素。

问：不丹的宁玛派信徒有没有像藏地一样有僧人（བཙུན་པ）和俄巴（སྔགས་པ）的区分？

答：不丹地区的宁玛派没有僧人和俄巴这样的概念和称呼。一般都统称为格隆（དགེ་སློང）。

问：竹巴噶举派与众不同的见地和修行是什么？

答：竹巴噶举的见地是从其创始人藏巴佳日传下来的，藏巴佳日在前面讲无宗派观念时说过了，他的主要见地是大手印法。

问：不丹人主要说哪个方言？

答：跟前面讲的一样，不丹人说的方言用他们自己的话说是“宗卡”，但是后来因为很多人都学英文，英语水平突飞猛进。所以现在“宗卡”语的发展遇到了瓶颈。

问：夏仲阿旺朗杰到不丹以后，他给藏巴第司写过一封信，这封信里面说，竹拉隆寺任你处置，放火也可以，反正我已经到不丹了，依照这样的话语，我们能不能说夏仲阿旺朗杰是一个只顾自己而不管竹拉隆寺人的生命，或者说毫无怜悯心的人？

答：他去了不丹以后，对不丹的宗教、政治等作了很多贡献，不丹人甚至把他称为国父。在噶举派传承历史里，他也是一个非常重要的人物。但是夏仲阿旺朗杰和藏巴第司两者之间的关系很复杂，确实不好判断。在民间确实有夏仲阿旺朗杰的诅咒导致藏巴第司死亡的说法。

问：空行母益西措杰曾经在叫达仓（སྟག་ཚང）的地方修行过。那样的话，刚才所说的帕卓达仓是不是益西措杰曾经修行的达仓之一？

答：虽然我还未曾见到空行母益西措杰是否在达仓修行过的有关文献，但有可能是其中之一，只是没法十分肯定地说帕卓达仓是益西措杰曾经修行的达仓之一。

问：老师能不能大概地讲一下竹巴白玛噶波的历史？

答：竹巴白玛噶波确实是历史上一个非常重要的人物，他是公元17世纪的人，他去世后，他的转世灵童方面出现过一个大问题，即出现了两个转世灵童，一个是在拉隆地方，竹巴白玛噶波家族里的一个孩子被认为是他的转世。另一个是琼结地方的一个小孩叫巴桑贡布，很多人认为那个小孩就是夏仲阿旺朗杰的转世。因此，人们分成两派，有些人支持竹巴白玛噶波家族的小孩，有些人支持琼结地方的那个小孩。藏巴第司彭措朗杰支持琼结的小孩儿为竹巴白玛噶波的转世灵童，就这样竹巴白玛噶波家族和藏巴第司之间产生了一些矛盾。

问：历史上嘉绒地区是苯教盛行的地方。苯教文献里说白若扎那曾经到过嘉绒地区。老师能不能讲一下这方面的内容？

答：确实有这样的说法。公元8世纪白若扎那从印度带了很多密宗的经典，来到桑耶寺时，很多人认为他冒犯了赤松德赞的妃子，最后他没办法待在桑耶寺。离开桑耶寺以后的去向有两种说法，有些人说是在嘉母擦巴绒，嘉母擦巴绒和现在的嘉绒是同一个地方。但是另外一些文献里记载的是擦巴绒，那么就并不是现在的嘉绒。我曾去过嘉绒两次，嘉绒地区确实有很多古迹，如古塔、山洞等，也有说那些是白若扎那曾经修行的地方，从历史文献上我们还不好去证明。

问：白若扎那被流放到嘉绒，对于被流放的地名是不是有སྦལ་ཡུལ和སྦས་ཡུལ两种写法?

答：“སྦལ”这样的写法我确实没看到，但是སྦས་ཡུལ前面也讲过，有隐藏的意思，指有伏藏的地方。据说白若扎那流放到嘉绒以后，很多人把他抓起来，然后挖了很深的洞，并在里面放了很多青蛙，让他在洞里面待了七天七夜。但这里的སྦལ是否指青蛙，我还没见过相关的文献。

问：很多历史书籍认为吐蕃时期门隅应该属于吐蕃，那时的门隅并不是指现在的不丹，它是指一个很广阔的地域。

答：你的观点和我刚才所说的是一样的。隆钦热然巴等高僧们去门隅时，当时的门隅不仅仅指现在的不丹，还包括不丹往北的很多地方。

问：从不丹的帕卓达仓狮子洞里掘藏出来的苯教的大圆满方面的书和其他的大圆满经典有什么不一样?

答：帕卓达仓狮子洞非常有名，很多掘藏师确实挖掘出很多的伏藏。有大圆满法、宁玛派的密宗方面的书，还有显宗方面的很多书。有宁玛派的，也有苯教上师掘藏发现的伏藏。由于时间关系，今天我在这里就不一一讲了。

问：据说藏地有二十五座修行处（སྒྲུབ་གནས་ཉེར་ལྔ）和二十一处隐地（སྦས་ཡུལ་ཉེར་གཅིག），那么有没有将这些地方一一列出来的文献?

答：确实有这样的说法，但到目前为止还没有看到将它们一一列出来的文献。

问：如果有一个地方要成为隐地（སྦས་ཡུལ），它在宗教方面应该具备哪些条件，它需要像神山一样，开光吗?

答：其实隐地和神山（གནས་རི）是不一样的，隐地一般是指从远处看不到的地方，或者是在某一个山的背面，或是由一条大河把它隔开。

一般情况下，世人难以进入，这样的地方就是隐地。隐地不一定要成神山或者非常神圣的地方，这两者是不一样的。

问： 今天是这一个月以来的最后一场讲座，老师您最后能不能给在座的师生在藏族文化的传承和弘扬方面提一些建议？

答： 这是非常好的一个问题，我本身也想说几句。今天是我的最后一场讲座。首先，非常感谢大家每次都过来听讲座。其次，从你们提出来的很多问题中能看出来你们的藏学水平非常高，我对此寄予厚望。由于时间关系，很多问题没能回答，表示歉意。藏族和其他民族的师生聚在一起用问答方式互相交流意见，很是感激。感谢才让太老师给了这样的机会，感谢给我翻译的各位老师。另外，特别感谢次仁达瓦老师在多媒体方面给予我的帮助。希望我们下次再见。

主持人： 我们的讲座到此结束。再次需要说明的是，卡尔梅·桑丹坚赞教授不只是藏族学者，他是一名国际学者。从地球的另一边不辞辛劳飞到这边来给同学们讲座，对此，从心底表示感谢。我作为此次活动的负责人，代表藏学研究院和全体师生给教授献一条哈达。另外，感谢才旺拉姆老师、周拉老师、扎巴老师、次仁达瓦老师在这一个月的时间里在翻译方面付出的辛苦。感谢卡尔梅教授！扎西德勒！

尼泊尔高地的藏文文献研究

主 讲 人：查尔斯·然博（Charles Ramble） 教授

主 持 人：才让太 教授

讲座语言：藏语

翻　　译：次仁达瓦 讲师

时　　间：2012 年 1 月 5 日 17：00—19：30

地　　点：文华楼西区一层学术报告厅

主持人：大家晚上好！今天我们有幸请来了法国巴黎高等研究院西藏历史和文献方向的教授、国际藏学会前主席查尔斯·然博教授。这次他到兰州大学进行交流活动返回途中，我们邀请到了他。在兰州大学教授是首次讲学，对我们学校也是如此，是一次很重要的学术交流活动。他对尼泊尔文化和喜马拉雅地区有深入研究，是这一领域内的权威。今天然博教授给我们讲座的题目是《尼泊尔高地的藏文文献研究》。大家掌声欢迎！

主讲人：很高兴这次邀请我来做讲座，这是一次介绍我个人研究情况的好机会。在讲座开始之前，我要说明的一点是，我用藏语只做过三次讲座，所以很可能说得不好或有不清楚的地方，请大家见谅。

我的研究范围比较广，今晚我主要想谈一下在尼泊尔境内发现的一批藏文文献的研究情况。尼泊尔将近有 75 个不同的地区，今晚我主要谈的是和木斯塘地区有关的社会和历史方面的一些文献情况。本次讲座主要分三个部分，第一部分主要讲这些文献是从哪儿发现的，第二部分主要讲一下从尼泊尔发现的这些文献的特点和主要内容，要想弄懂这些文献的内容过程会有点复杂，在这儿也讲一下这一点。如果从历史学和社会学或人类学方面从事研究工作，我们就会涉及很多不同的宗教史和历史文献，不仅如此，地区和地方性文献也非常重要。我所涉及的这部分文献也是地方性文献，所以今晚我希望能论证这些文献的重要性。最后部分，通过我们一起阅读两至三篇文献，让大家对这些文献的主要内容有一个大致的了解。然而，在没有具体谈到这些文献之前，我想简单谈谈尼泊尔和木斯塘地区之间的关系。

1980 年，我第一次去尼泊尔，那时候我是牛津大学的博士生，我的研究方向是人类学，我的初心是想研究藏族村落，但是大家都知道，当时来中国藏地做研究是相对困难的，所以想做有关藏族方面的研究，不得不去印度藏族地区和喜马拉雅山脉一带的藏族村落。我当时的研究计划是侧重研究苯教村落，虽然印度藏人中也有一些苯教群体，但是他们都是西藏人，而我想找的是土生土长的本地人，因此，想要研究土生土长的藏族人，我就不得不选择尼泊尔境内的藏族社区。在尼泊尔，信奉苯教的村落比较少，像多波（དོལ་པོ）地方有一些苯教的村落，但是外国人是不允许进入的，所以我不得不去木斯塘（སྨོས་ཐང）南部一个叫洛扎（ཀླུ་བྲགས）的村落，它是一个信奉苯教的村落，那个村子也有寺院，大部分都是密咒师，因而对我的研究很有帮助。我的主要研究内容是宗教仪轨跟经济之间的互动关系，于是我在那个村落住了将近一年半的时间，同时学了一点藏语，他们讲的藏语和卫藏话和安多话有点不同，所以我现在的卫藏话讲得不是特别好。

之后我回到英国，获得了博士学位，过了几年我又回到木斯塘继续从事研究工作。第二次去木斯塘的时候不是我一人，而是跟了一项从不同学科角度做各自研究的项目，我们当时的研究课题是由德国波恩大学资助的，我们团队中有从事建筑研究的专家，也有搞人类学、历史学、地理学等学科的同事，主要是对木斯塘这个地区的历史、人文、社会情况做一个专项研究。从1992年一直待到1997年，那时候我的主要工作是收集资料。为了收集资料，我需要去到每个村落，也去寺院，甚至去拜访每个村落的每一个人，搜集了3000多份文献资料。除了两本目录，大部分资料到现在还没出版，计划在最近几年能够陆续出版。另外，我还打算专门做个网站，这样的话，这些文献就可以通过网络共享给感兴趣的国际研究者们。

接下来我介绍一下有关尼泊尔的历史和社会，大家都知道尼泊尔在中国西藏和印度之间。尼泊尔东西大约长700公里，南北长100—150余公里。北部是西藏，南部是印度。尼泊尔的建国者是普里特维·纳拉扬·沙阿（Prithvi Narayan Shah，1722—1774），他曾说过尼泊尔像一只夹在两块大石头中间的小蚂蚁。喜马拉雅山脉特别长，东西长约2500公里，与很多国家接壤。例如，从西到东，它接壤于阿富汗、巴基斯坦、印度、尼泊尔、不丹、孟加拉国、缅甸等国家，而多半属于中国的边境，喜马拉雅山脉的中部刚好对着尼泊尔。现在，藏语中“བལ་ཡུལ”这个词指代整个尼泊尔，但是在18世纪末，这个词专门指加德满都河谷地带，“བལ་པོ”是尼泊尔境内的一个民族，他们自称为尼瓦尔（Newar）。

下面简要介绍一下尼泊尔没有统一之前的简要历史。尼泊尔没有建立统一的国家之前，这些地方有六十多个小王国。有些王国特别小，比如，一个王国只有三百户，但是他们有自己的国王。虽然这些王国很小，但它们经常会联盟，形成一个很大的联盟国。例如，西部有一个很大的联盟国叫“拜希”，“拜希”的意思是数字22，也就是说“拜希”这个联盟国由22个小王国组成。它的东边有另外一个联盟国，叫

“乔比”，“乔比” 的意思是数字 24，也是说它由 24 个小王国组成。那时候最大的王国在西部，叫宗兰（ཛུམ་ལང）。宗兰跟今天我要讲的木斯塘之间有重要的关系，等一下我会慢慢谈到这些问题。

这些王国的国王都说他们的祖先是从印度西北部迁徙过来的，到达尼泊尔之前他们是印度境内的贵族。那为什么这些贵族会来到尼泊尔境内呢？因为 14—16 世纪，伊斯兰军队征服印度，印度的诸侯国没能抗衡伊斯兰军队，所以最终逃到了尼泊尔。尼泊尔南部有一个特殊的王国，位于尼泊尔境内向西六十公里处，叫廓尔喀（གོར་ཁ），廓尔喀是 16 世纪德拉夫亚 · 沙阿（Dravya Shah）所创立。18 世纪，廓尔喀的年幼国王普里特维 · 纳拉扬 · 沙阿掌握政权之后，起兵侵略了附近的小王国，扩大了疆域，增强了国力。传统的尼泊尔由三个不同的王国组成，分别是加德满都（Kathmandu）、巴腾（Patan）和巴克塔普尔（Bhaktapur）。1769 年，他征服了整个尼泊尔地区，后来，他的子孙继续扩大领土。在他孙子拉纳 · 巴哈都尔 · 沙阿（Rana Bahadur Shah）时期，起兵侵略了宗兰和木斯塘这两个地区，这些问题我稍后会继续谈到。

新的尼泊尔国家由十六个诸侯国组成，是一个多民族国家。由于时间问题，这些方面只是简要介绍一下。尼泊尔跟印度接壤的那些地方的人是塔鲁（Tharu）族，它们的语言和生活习俗都跟印度特别相似。尼泊尔中部的这些人既不是印度人，也不是藏族人，他们是使用藏缅语系里一种语言的一个民族，他们信仰的宗教不是印度教，也不是佛教，而是萨满教。他们的主要村落从西往东算，有玛尕（མ་གར）、郭松（སྒོ་སྒྲུང）、嗒玛（ཏ་དམག）、日拉（རལ）、勒木日（ལེམ་ཛུ）等很多小的村落。

尼泊尔境内西部边境的居民叫博扎（བྷོ་ཊེ），博扎这个名称是藏语。这个词在梵语里是蕃扎（བྷོ་ཊ），梵语当中的这个词来源于藏族的

“བོད”，只是他们把“བོད”这个字分开来念。因此，这些居民本是藏族。在尼泊尔边境，他们生活的地方有十四到十五个，其中有些地方不太有名，有些地方比较有名。例如，西部的鲁木绒（ལི་སྨུ་རོང）地区大家可能没听说过，而多波地方大家可能都听说过。还有一个叫罗沟塔（ལྷོ་སྨག་ཐག）的地方，这个我到后面再谈。这些地区都是木斯塘地区，再从西往东走，还有奴日（ནུབ་རི）、宗（རྩུམ）这样的一些地区。也许你们当中有人可能知道这些地方，因为米拉日巴道歌中提到过这两个地方，再往东走，有个叫遐克布（ཤར་ཁུམ་བུ）的地方，这个地方位于珠穆朗玛山附近，居住在这个地方的人叫作夏尔巴。那么这个夏尔巴是怎么来的呢？公元 16 世纪，他们是从康区色莫岗（ཟལ་མོ་སྒང）地区迁移过去的。在后面还有锡金（འབྲས་ལྗོངས）、多杰林（རྡོ་རྗེ་གླིང）等地区。上述所说的都是和 18 世纪以前有关诸侯国的情况。现在我主要想谈谈其中的木斯塘地区。

公元 14 世纪，今木斯塘的东部，也就是在吉隆地方有个诸侯国，叫贡唐王国。贡唐的国王把自己的一个大臣派到一个叫鲁沃（གློ་བོ）的地方当摄政。这个大臣名叫阿玛白，有时也叫阿米白。在他儿子时期，建立了一个新的王国。阿米白王国并不是一个完全独立的王国，它属于贡唐王国，是个附属国，但是在阿米白儿子掌权的时候，鲁沃地方就得到了完全的独立。木斯塘这个词是尼泊尔语，但在此居住的居民是藏族。然而，他们自称其故乡是鲁沃（གློ་བོ），而不是木斯塘。接下来我们谈一下“鲁沃”这个词，它在不同的文献中有好几种不同的写法，“གློ、ཀློ”都有，但现在“鲁沃”这个词用得不太多，因为它含有一些贬义。我个人认为，“鲁”这个词是由“拉鲁”（ཀླ་ཀློ）演变过来的，只是其贬义部分被去掉了。

现在来谈一下首都，尼泊尔的首都有时写作“曼唐”（སྨན་ཐང），其含义是这个地方生长着很多药材。然而，大部分写的是“梦唐”

（སྨོན་ཐང），意为福地。在一则古文献中有“门唐”（མོན་ཐང）的写法，这可能是因为南方门巴人曾居住过的原因。但现在这种写法几乎看不到，因为这个词也有些贬义的成分，有时候也有“སྨོས་ཐང”这样的写法，只是现在基本不读后加字“ས”，但是像拉达克和一些古老的方言当中后加字是发音的，所以尼泊尔语言中它的来源可能也是这个原因。

“鲁”这个王国由两个大的地区组成，分别是在北部和南部。北部地区叫作上鲁八部（གློ་སྟོད་ཚོ་བརྒྱད），南部叫作鲁迈（གློ་སྨད）。鲁迈也分为南北两个地区，北部叫作裕卡吉尼（ཡུལ་ཁག་བཅུ་གཉིས），是由十二个不同地区组成的，但在那时候有十九个不同的地区，至于其原因我也不知道。北部地区的首都叫作“嘎”（སྐག）。南部同样也是由三个不同地区组成，一个是“五个裕卡”（ཡུལ་ཁག་ལྔ）。一个叫“本赤”（དཔུང་ཁྲི），有时也叫枚塔（ཚེད་ཐག）。另一个叫作“塔”（ཐག）。上面的“五个裕卡”有时也叫“སུམ་པོ”“ཐེམ”“ཐེམ་མ་དགུ་དྲུག”等。也有几个不同的名称，现在我这样的解释方法可能不太直观，稍后我们看一下文献，到时这些地名情况就可以一目了然。

鲁迈北部裕卡吉尼有一个很特殊的地区叫“བོད་ཡུལ་ལྔ”，它像这五个村落的酋长。他们不说藏语，而说藏缅语系中的另一种语言，叫“赛语”（སེ་སྐད），其来源是因这个地方以前叫“赛热”（སེ་རིབ），“赛语”指的就是赛热语。有很多学者都在研究“赛热”这个地名，在敦煌文献中就发现了“赛热”一词。例如，在敦煌出土的一则文献当中记载：“705 年，赛热王攻击吐蕃赞普。”另外，“赛热”一词在汉文文献中叫作“悉立”。

鲁沃地区的第一任国王阿玛白曾派自己的儿子或孙子到鲁沃迈当摄政，他叫苯仲赤杰巴（བོན་གྲོང་ཁྲི་རྒྱལ་པ）。他到鲁迈之后，当地的人都叫他赤托巴（ཁྲི་ཐོག་པ）。鲁王把他派到这儿的原因是这个地方有一条从北流向南的重要河流，而河边有一条从青藏高原通往印度的商道，这条商道对国家经济利益有着重要作用。鲁王把赤托巴派到这里主要是为了收税。公元17世纪，由于这一带地区特别富裕，西部的王国宗兰派兵征服了这个地区，之后鲁国需向宗兰缴纳大量的税。缴税的过程是首先由赤托巴从地方收税，上缴到鲁国，再由鲁国交到宗兰王国。

17世纪末，赤托巴和鲁国发生了战争，赤托巴没有足够的兵力，就向宗兰国求助。在宗兰国救兵的帮助下，赤托巴赢得了这场战争，成为独立的王国。虽然摆脱了鲁国的统治，却仍是宗兰国的隶属国。独立以后，赤托巴建立新的法规。现在这个法规在叫“嘎”（སྐག）的一处村落中，其法规称作白恰（འབེ་ཆགས），这个词词源来历不明，但其意义有三种说法。一是蒙古语的白恰一词，与目录意思相同；二是藏语里的尕恰即目录，有时叫白木恰，有时叫尕恰；三有可能是从尼泊尔语演变过来的，在尼泊尔中历史一词叫作白塞勒（འབེ་སེ་ལེ）。

正如我上面所讲到的，在18世纪，廓尔喀第一任国王普里特维·纳拉扬·沙阿的孙子拉纳·巴哈都尔·沙阿侵略了宗兰地区。当时鲁国和宗兰国之间的关系不太好，而到达宗兰需经过鲁沃，按理说外兵到达宗兰，鲁国会派援兵到宗兰地区，但当廓尔喀的军队到达鲁国时，他们并没有反抗，反而帮助廓尔喀军队继续进军宗兰，征服了宗兰国。那时除四个王国以外，尼泊尔境内几乎所有的小王国对廓尔喀军队进行了反抗，而鲁国是没反抗的四个王国中的其中之一。因此，尼泊尔新联盟国成立后，取消了其他王国的王位，但是鲁国的王位称号却被保留了下来，一直到2008年尼泊尔建立新的政权，鲁国一直都保留着王系传承。

现在重点谈一下相关文献，这些文献很是复杂。比如文献有错误之处，或把同一条内容分别写在两例文献中，等等。这种文献在阅读的时候会有难度，于是我转写成了藏文楷体。这些文献是裕卡吉尼中的一个村落的文献，内容是关于该村落与另一个村落之间发生争执的记载。我第一次去搜集资料、拍照留存的时候特别困难，那些部落首领要么说他们那里没有文献，要么说有但不让拍照，其原因是这些文献的内容大部分都是村落之间的争执，也有关于田地诉讼书等的内容。他们害怕如果这些文献公布于世，有可能会牵扯到自己的田野、森林等的领地问题。因为有些文献是不符合鲁国法规的。他们跟其他村发生争执时，一般要征收银两，在当地称作“མཛོ་ར་ཐོག”，也就是说谁家的牛羊多，谁家就要多付银两，但这种收税方式是不合法的。这些文献的记载恰恰就能解释这个问题。文献中记载：“ཇོན་ཆུ་ལོ་རྟགས་བྱ་ལོ་ནས་ཏན་ཕྱི་ལྟམ་ནང་ལ་འཁྱེར་བ་མ་ཏོག་ནང་ལྟམ་ཕྱི་ལ་འཁྱེར་ས་མེད”。意思是从鸡年开始，外部好的话语可以带到村内，但是村里说的话一律不得外传。这些文献还有一个问题就是错别字极其多，比如在上面所列的文字中，གཏོགས 写成ཏོག、གཏམ 写成 ལྟམ 等等。另外，这例文献还写道：“གལ་སྲིད་ནང་ལྟམ་ཕྱི་ལ་འཁྱེར་བ་དང་མཛོ་ར་ཐོག་ཟེར་ནས་ཕྱི་ལ་ཟེར་བ་བྱུང་ཚེ་དངུལ་ཉེས་ཆད་སྒོར་བརྒྱ་ཆད”。意思是如有把村内话语外传或村里以牛羊数量收税的方式外泄者要罚一百银两。这些文献原本是19 世纪的文献，但是他们现在也不敢把这些文献公布于世。这是因为他们害怕受到惩罚。然而，最后在我的积极说服下，他们还是让我看了那些文献，并且还让我拍了照。

这些文献还有一个特征就是当中有很多外来语，这些词语不是藏语，而是尼泊尔法律当中的词。因为地方法规和国家法律是不同的，地方法规中掺杂了藏地法规和尼泊尔法律，因此出现了一些不同的方言。另外一个问题就是如何去寻找这些文献，有些文献被私人收藏在村落中，有的藏在洞穴里。上鲁和下鲁，即鲁朵和鲁迈地区有很多洞穴，大多数洞穴有三千多年的历史。这些洞穴最初是用来住人的，之后人们搬到新修的房屋后，有些洞穴变成了墓葬地，有的变成信教徒或苯教大师修行的山洞。进这些山洞特别危险，要跟登山队一起才有进入洞穴的可能，不然是绝对不行的。四五年前，我们听说有座山的洞穴里有很多文献，而那些洞穴想要从外面进入是特别困难的，但是里面有专门的通道。于是，我们跟登山队一起通过专门的通道才顺利进入里面，最终获得了这些文献。这些文献大多属于苯教文献，但今天就不多谈了，因为今天的讲座主题不是这个。这些文献有什么价值呢？第一对宗教研究有一定价值，第二是历史价值，如果我们对鲁沃有研究，阅读有关鲁沃历史的相关传记和教派史的书籍，这些书籍中大多数都记载着鲁沃国第一任国王阿玛白和他的子孙到鲁沃地区时，鲁沃当地人是苯教教徒。这些传记和教派史大多数由萨迦派或其他佛教教派的大师所写，他们写道阿玛白国王到鲁沃后灭苯教，发扬佛教。但这些传记和教派史都是鲁国灭亡又新建的两百年后所写，因此其可信度是值得怀疑的。我们找到的文献是否为苯教文献是可以一眼就能看出来的，这些文献中出现了有关苯教的雍仲图案和符号，我们到尼泊尔之前，这些文献就遭遇偷盗，有些纸张上的雍仲图案被单独剪走，有一定程度的破坏。这些文献是研究苯教和佛教的重要文献。例如，有鲁本（ཀླུ་འབུམ）、泽尔目（གཟེར་མིག）、堪杰（ཁམས་བརྒྱད）的内容。从历史学和社会学的角度来研究鲁沃的话，最有研究价值的是这些文献的后记。我们找到了堪杰的一则后记，其中出现了很多地名。例如，“དྲུག་ཅུ་མཁས་པའི་སློ་བོའི་ཡུལ་གྱི་དབུས།། འབུར་དུ་དོད་པའི་བོན་སྐོར་གནས་ཆེན་འདི།།”，从这儿我们就知道这是在一个叫庞库（བོན་སྐོར）的地方，位于鲁沃地区的中心一带，现在只剩下废墟，但是从这则文献的后记里可以得知，这里曾经非常繁荣。这个地名在其他传记和历史文书当中也能看到，12—13 世纪，苯教一些著名修行者曾居住在这里。这则文献中除了地名外，还出现了一些人名。例如，“དྲུང་ཆེན་ཨ་མགོན་བཟང་པོ་སྐུ་ཚེ་བསྟོད།།”，这个人究竟是谁呢？我们来看一下鲁沃国国王世系，第一位国王是阿玛白，执政年是 1425 年左右，他的儿子叫阿贡桑布，于 1450 年执政。因此，后记中出现的这个人和阿玛白的儿子阿贡桑布是同一个人。前面说到阿玛白时期鲁沃还不是独立国，阿玛白只是一个摄政，他和他儿子没有被赋予国王这个称呼，并且这则文献是鲁沃没独立之前写成的。因此从后记的这几行里我们可以探究一些历史真相。第一，阿玛白父子俩执政时期没有消灭苯教，而是给予了支持；第二，这些文献是 15 世纪写成的；第三点，曼唐首都没有建立之前，鲁沃的国王住在庞库地区。以上是这个文献很重要的具体例证。我们平时读历史文献的时候，大部分史书只写了上层社会的历史，记载底层社会的并不多。因此，欧洲称底层社会为没有历史的人们。

前面我讲了有关鲁沃和宗兰地区的争执冲突，我们在阅读历史和传记时，也可以知道一些有关那时候的国王、大臣、将军等人的历史。然而，那时平民百姓的生活经验和难处却难以得知。平常的史书只记载上层社会的历史，几乎没有关于平民百姓的历史。但是，当我们走进村落，了解当地一些文献时，有时可以知道有关战争的历史。比如，17 世纪的一例文献中就记载了这个村落与宗兰之间发生的战争，文献内容是百姓所受的苦难和经验等。

正如上述所言，鲁迈有几个地区，北部有裕卡吉尼（ཡུལ་ཁག་བཅུ་གཉིས），南部有五处裕卡（ཡུལ་ཁག་ལྔ），本赤（དཔུང་ཁྲི）、塔（ཐག）三个地区。发现一例出自五处裕卡的 17 世纪的文献，我来读给你们，因为阅读古文献很难，我把它转写成了藏文楷体。“ཐག་ཁུག་ཅན། ཐེམ་མ་དུ་དྲུག་དཔུང་ཁྲི་འོང་བདག་མོ་གསུམ་གྱིས་ཚོད་ཡི་བྲིས་དོན་ལ། མི་མོ་སྣང་ལོ་སྤྲེལ་ཟླ་བའི་ཚེས་གསུམ་ལ་ཡུལ་འཁོར་གསུམ་གྱི་རྒན་པ། མཁར་དཔོན། ཁ་གྲོ་འཆམ་ནས་ཡི་གེ་བྲིས་དོན་ལ། གལ་ཏེ་སུམ་པོ་ཡུལ་པ་ལ་མི་ཞན་གྱིས་ངན་ཚད་བྱེད་པ་བྱུང་ན། ཐག་ཡུལ་པ་དང་དཔུང་ཁྲི་ཡུལ་པ་རྒྱབ་བྱེད་ཀྱི་ཡིན། ཡང་ཐག་ཡུལ་པ་ལ་ངན་ཚད་བྱུང་བ་ཡིན་ན། སུམ་པོ་ཡུལ་པ་དང་དཔུང་ཁྲི་ཡུལ་པས་རྒྱབ་བྱེད་ཀྱི་ཡིན། དཔུང་ཁྲི་ཡུལ་པ་ལ་ངན་ཚད་བྱུང་བ་ཡིན་ན། ཐག་དང་སུམ་པོ་གཉིས་ཀྱིས་རྒྱབ་བྱེད་ཀྱི་ཡིན། དེ་ལྟར་བྲིས་པའི་ཡི་གེ་ནང་ལྟར་སུ་མ་གནས་པ་བྱུང་ན། དཔང་ལ་ཆོས་ཀྱི་ཆོས་སྐྱོང་། བོན་གྱི་བོན་སྐྱོང་། འཇིག་རྟེན་གྱི་ལྷ་ཀླུ་གཞི་བདག་གཉན་བརྟེན་གྱི་ཕོ་ལྷ་དགྲ་ལྷ་རྣམས་ཀྱིས་མ་གནས་པ་རྣམས་ལ་ཆད་པ་དྲག་པོ་ཆོད་ཅིག ཁྲིམས་

འདི་མ་འགལ་ན་གནས་པ་རྣམས་ལ་བྱིན་གྱིས་རབ་ཏུ་གསོལ།”

上述文献中，“ཐག་ཁྱུག་ཙན”指的是塔这个地方，“ཐེམ་མ་ཐུ་རྡུག”中的ཐེམ་是五村落，“དཔུང་ཁྲི་འོང་བདག་མོ”是本赤。从这里我们就清楚这三个地区之间的关系。“ཚད་ཡི”是错别字，正确写法是“ཚད་ཡིག”，是条约的意思。另外从“མེ་མོ་གླང་ལོ་སྤྱིལ་ཟླ་བའི་ཚེས་གསུམ”中可以明确知道签订条约的日期，“ཀན་པ”即长者，不是指国王也不是指大臣，它是指那个地区的首领，从这一点，我们可以得知，那个地区实行的不是王权制，而是民主制。条例的意思是这三个地区组成一个联盟，假如其中一个部族有外敌入侵，另外两个部落就会给予帮助，并且始终维护条例，如果有人不遵守这个约定，将会受到惩罚，其证人是佛教和苯教的众位神灵。

另外一个写鲁沃迈北部的裕卡吉尼（ཡུལ་ཁག་བཅུ་གཉིས）的文献，跟上述文献有很大的区别。我也来读一小段，这是赤托巴写的，写这个文书时，鲁沃迈北部的裕卡吉尼的首领赤托巴从鲁朵国的统治下独立，并与裕卡吉尼和宗兰之间有联系。正文内容是“སྐག་གི་ཀན་པ་མ་ན་ཡུལ་ཁག་བཅུ་གཉིས་ཀྱི་ཀན་པ་ཡིན་གསུངས་ནས་མཁར་ནས་དབུ་ཐོད་ཅིག འོ་འོན་པ་ཟླ་བ་གསུམ་བཞུགས་དུས། འོ་འོན་པས་ཁྲལ་སྐག་གི་གཉེར་པ་དང་ཀན་པ་མངའ་ཞབས་ཀྱི་གཉེར་པ་གཉིས། ཁོང་བཞིས་ཁོང་ཚོའི་ལག་ནས་སྒོ་སྨད་ཀྱི་ཁྲལ་བསྡུས་ནས་ཁྲི་ཐོག་པའི་ཕྱག་ཏུ་ཕུལ། ཁྲི་ཐོག་པས་ཕྱག་ནས་འོ་འོན་པ་ལ་སྤྲོད། འོ་འོན་པ་དང་ཁྲི་ཐོག་པ་གཉིས་ཁ་གྲོ་བརྟེན་ནས་ཀན་པ་གཉེར་པ་གཉིས་མངའ་ཞབས་ནས་བསལ་ནས་འགོ་འཛིན་གནང་བ་རེད”这个文献中的“嘎”这个地方是首都，戳杰（ཐོན་གྲོང་ཁྲི་རྒྱལ་པ་ཁྲི་ཐོག་དང་པོ）不仅仅是“嘎”的首领，也是裕卡吉尼的首领。他们有着一些规范化的缴税方式，不是直接由王国收税，而是先由每个诸侯国收税，缴到王国使臣手中，然后由使臣上缴到王国。这些文献记载了鲁南北部的历史，鲁沃迈南部有宗兰国王，其税款是直接交给王国的，国王和“ཀན་པ”（长者）中间没有其他人。那么这些“ཀན་པ”不是由国王选的，而是民主选举产生的。然而，在 17 世纪有关

“嘎”情况的文献中，治国体制完全相反，裕卡吉尼的地方是宗兰国王的领地，其下有摄政“འོ་འོན་པ”，在其下面是地方大臣赤托巴，依次是“嘎”的长者、裕卡吉尼的长者和管家，最后是底层老百姓。因此，这些文献中只有贵族大臣的历史，而没有底层老百姓的历史，想要了解平民百姓的生活还得依靠写平民百姓的文献。

以前我在那边调研的时候，发现那边有一个专门收藏文献的地方。由于我们看过有关政治文献，认为平民很少有权力，因此我很希望能找到写和平民百姓有关的文献。裕卡吉尼中有两个村落是父子传承体制，我听说其中有一个村落，他们自己写的历史文献就放在一个铁盒里。于是，我就去那里找文献，到了那个地方后，我就问村落里的喇嘛和首领，有没有这样的文献，他们说确实有这个铁盒，但是他们没有钥匙，并告知我说，按照他们的习俗，喇嘛会把钥匙放到另一个村落。然后我又到另一个村落找钥匙，跟他们说能否借一下钥匙。但是那里的村民说钥匙不能外借，因为会触犯裕卡吉尼的法律，只有裕卡吉尼的所有首领聚在一起才可以打开铁盒。最后通过不断努力，我把裕卡吉尼的所有首领都请过来，请他们一起打开了铁盒并拍了照。几个月后我就完成了这一工作。现在我给大家展示其中一个文献，通过这个文献，我们可以知道平民百姓也有权力，若有欺诈百姓的首领，所有平民会起义反抗，直到换另一个首领。

公元1856年，尼泊尔政府实行了新的统治制度，这个新制度叫作宜家尔（ཨི་ཇཱ་ར），是替代世袭赤托巴而另立长官的一个政策，叫作阿马里（འ་མ་ལི）。阿马里的职责主要是征收裕卡吉尼的税款，缴到尼泊尔中央政府，但是除上缴尼泊尔政府的定额税款外，其余的可以收为己有，这个制度对当地百姓的生活来说是苦上加难。于是1897年，民众给尼泊尔政府写了一封信，信中提到他们现在新制度下的生活比赤托巴执政时期还差。因此，如果从社会学和历史学的角度来看，这个文献非常重要，因为从这个文献中我们能够了解到新旧两个不同政治制度的变化。一年后，尼泊尔政府回复了这封信，信中表达了民众对政府所抱批评态度的一些想法。

现在我来读一下其中一些重要的内容。信中说道：我们按国王的文书做事，遵循国家的法律，我们没有犯法。最后一行，主要提到如果村里发生了一些争执，村里的知识分子和头人要聚在一起讨论，但阿马里新政官员不会听知识分子和地方头人的话，还会要很多钱。以前旧社会赤托巴执政的时候他们交木材税只需交 1 月到 4 月份的税，而其他月份是免交的。但现在要多交三个月的税。赤托巴执政时民众有自己的秤，政府也有自己的秤，所以中间不会有差错。现在根据阿马里新政，收税人不再拿那个秤，而是拿个绳子捆绑，所以比以前要交得多。以前赤托巴执政时，如果头人要去外地，三四天前会写信给民众告知自己要去外地，以便民众有时间准备所需物品，但现在，头人要外出他只会在走的当天才说，如果没准备妥当，还会降罪于民众。以前民众犯错要交的罚金可以一半给青稞、一半给钱，但在阿马里新政下，政府只收钱、不收青稞等等。例子就举到这里。

如果我们读官方文献，只能反映出底层民众没有权力，没有自由，但如果我们读民众自己写的文献，我们就会知道，事情也许并不是这样的。对于统治者的做法，民众有自己的对付方法，也是有权力的。今晚的讲座就到此为止。

主持人：现在没有多少时间了，最后可以提两个问题，口头提问和写在纸上都可以。

问答环节

问：藏学研究这个词在国际上已有一百多年的历史，藏学研究方法也有很多种。教授您对藏学的研究方法有什么想法？还有一个问题是，刚才您让我们看的这些文献里出现很多错别字，其原因是什么？我们看苯教古文献或敦煌文献时，还没经历藏文厘定规范，但也没有像这些文献一样有很多错别字，这是因为文化水平低下的原因吗？但在给政府写文章时应该要改正吧？

答：首先，研究方法有很多种，有人研究历史，有人研究人类学，也有人研究宗教。我认为方法有很多。前段时间，我去兰州看到研究苯教方面的著作特别多，发现了很多苯教古文献，对此我感到了解人类学、历史学、社会学等学科的相关理论方法很重要，例如，以前我从事人类学研究，但是现在我主要侧重历史研究。刚开始研究历史的时候，因为我不懂历史研究，所以我看了许多有关历史研究方面的书籍，我没有专门的老师，于是我去图书馆读了很多有关历史的相关书籍。藏族的历史主要是社会上层人物的历史，但是涉及底层人民的史书很少。传统西藏跟欧洲的情况差不多，但是欧洲有一种特殊的历史，叫社会历史，这也是很重要的。我在拍照抄录完这些文献后，读了很多有关社会历史的书籍，然后又重新思考这些文献。

对于错别字的问题，我觉得首先鲁沃地区的很多地方几乎没有学校，有个别寺院，但寺院里的僧人平常也不写字，只是诵经。对于村落来说，识字的很少，那么整个地方跟文字有关的一些工作，全部都由苯教徒或宁玛派僧人承担，类似于秘书的工作，而且他们是父子传承体系，他们从父亲那里学习和识字，因此，一代代学习的过程中就出现了很多的错别字。另外，这些文献都是在很多人聚到一起讨论后才写的，而在讨论时会喝酒，那么记录的时候就难免出现很多错别字。

问：您提到"嘛"（མར）是象雄语，有没有一种区别于藏文的独立的象雄文？另外您刚才提到的赛语和象雄语有什么关系？

答：象雄语不是地方方言，佛教徒说象雄语是苯教徒改写的文字。实际上，象雄文是确实存在的，它属于藏缅语系的一个支系，但现在专门记载象雄文的文献很少，主要文献依据是11世纪的《卓浦》（མཛོད་ཕུག），它是藏语和象雄语的混合。我们现在可以根据这部文献来研究象雄语。其他文献当中也有些许象雄文，从这些方面，我们可以知道象雄文跟现在喜马拉雅西部的定日语很像。赛语中女儿叫擦咩（ཚ་མི），这在象雄语里也有。因此，我们可以证明鲁沃地区的古老语言跟象雄语是有关系的。在一些古文献中，鲁沃和赛热这些地方在吐蕃时期属于象雄下部，鲁国没建立之前就是象雄的一个支系。

主持人：我们今晚的讲座就到此结束。我们邀请教授来讲座，学到了很多东西，我认为有两点值得我们去学习。第一点是教授是英国人，现在法国教学，是国际藏学研究会会长，他的语言能力今晚我有目共睹，很多自称藏学研究者的学者不懂藏文，而语言的重要性想必大家也知道。第二点是他的田野调查，他到一个小地方做调研待了五年，勤勤恳恳地搞研究，这样的精神值得藏学研究者们学习。最后，诚挚地感谢教授的精彩讲座。

蒙古学者扎瓦丹正（1867—1937）与额尔德尼召寺

主 讲 人：三宅伸一郎　教授

主 持 人：才让太　教授

讲座语言：藏语

翻　　译：增宝当周　助教

时　　间：2013 年 9 月 12 日 19：00—21：00

地　　点：文华楼 14 层 1446 会议室

主持人：三宅伸一郎教授是日本大谷大学的藏学研究专家，他一直从事苯教和藏族近代宗教史方面的研究，但今天他讲座的主题是蒙古国的一座藏传佛教寺院和一位活佛，这项研究是他近几年开始从事的一项项目，也是最新研究成果。他这次专门到青海调研，借此机会我们有幸请到了他。三宅伸一郎教授原来也做过一场讲座，但这次是他的最新研究成果，非常高兴他能把自己最新的研究成果分享给我们。下面我们欢迎三宅伸一郎教授讲座。

主讲人：大家好！今天我用藏语进行讲座。非常感谢中央民族大学藏学研究院的才让太院长和众多师生给我提供这样一次讲座的机会。正如才让太老师介绍，前段时间我去青海调研，现在在回日本的途中有了这次机会，但从青海回北京的路上我感冒了，所以声音有点沙哑，但我还是会尽量大声一点，如有偶尔听不清的情况，还请大家多多见谅。

今天的讲座主题是“扎瓦丹正与额尔德尼召寺”。在这里我首先简单地介绍一下今天为什么要选这一主题的缘由。我是日本大谷大学的一名研究员，现今我们和蒙古国的一所大学有一个合作项目，而项目组给了我这项研究。几年前我去过蒙古国，今年 8 月又去了一次，接触到了很多事物，所以想把一些不太成熟的研究成果分享给大家。

今天的讲座主要分为三个内容，第一是简单介绍一下额尔德尼召寺，因为我想很多人都不是太了解这座寺院。前面跟大家说过，我们学校和蒙古国的一所大学合作过多年，研究方向就是额尔德尼召寺研究，但现在这个项目已经结束了。主要想简单介绍一下额尔德尼召寺和我们这个项目的情况。第二部分，我想主要讲一下 20 世纪学者扎瓦丹正对这座寺院的历史有什么样的见解。第三，今年 8 月份我去了一次蒙古国，考察了一些相传是 13—17 世纪建造的几座寺院遗址，想简单介绍一下关于这方面的内容。

首先介绍一下额尔德尼召寺，这座寺院是蒙古国最古老的寺院之一，位于当年窝阔台建立的首都哈拉克林旁边。哈拉克林位于现今蒙古国首都乌兰巴托向西 400 公里处，坐车大约需要五个小时。在关于这座寺院的建寺时间的问题上，很多学者认为是 1587 年由俄亥国王建立，而这里的俄亥应该是指现今的蒙古国，也就是说俄亥国王或阿布达三英汗建立了这座寺院。2004 年额尔德尼召寺和以前的首都哈拉克林的遗址被列为世界文化遗产。额尔德尼召寺四周被围墙围住了，从一个墙角到另一个墙角距离约400 米，围墙上建有 108 个佛塔，寺院有四个墙角、四扇门，但现在只使用两扇门，一般旅客和朝拜者都从西门进入。门牌上用藏文和蒙古文写着额尔德尼召寺。以前寺院里建有很多神庙，但由于蒙古国曾发生过文化革命，公元1930—1940年间摧毁了许多寺庙和寺院，因此现在所剩无几。这座寺院有三个最古老的神庙，分别是西神庙、中神庙、南神庙，蒙古语是这样称呼这几座寺庙的。神庙里面的主佛是释迦牟尼佛，中神庙的门内建有大黑天。这几座神庙里没有僧侣，不进行宗教活动。这座寺院被毁于1930年左右，后来由政府重建，但整座寺院差不多像个博物馆。三座神庙里的塑像不像以往一样，主要为了旅游，加了很多唐卡。这三座神庙里虽没有僧侣，但旁边一个较大的神庙和蒙古包里聚集僧众进行着宗教活动。寺院里有一座大佛塔，被称之为金塔，据历史记载，该塔建于1779年。佛塔旁边有两座石碑，一座石碑一面刻着藏文，另一座碑上刻着蒙古文。但现在很难看清上面的文字。几年前，大谷大学和蒙古国立大学进行合作，用多台科学仪器尽力去读清这些文字，但结果还是失败了。另外有一座神庙叫喇章，根据历史记载建于1784年，这座神庙风格跟其他三座神庙不一样，是藏式风格。

现在大家可能对这座寺院有了一个大概的了解，我们对这座寺院进行了几年的研究，这项研究项目的期限是2009—2011年。项目主持人是大谷大学蒙古文和蒙古历史的一位学者。这次项目是日本和蒙古国联合进行的。研究额尔德尼召寺有三个目的：第一，研究这座寺院的历史。第二，往后如何保护这座寺院。第三，研究这座寺院的现状。由于这三个目的，我们和研究历史、石碑考古的一些专家一起进行研究，我的研究内容与今天的主题有关，我待会儿会详细介绍。

额尔德尼召寺被毁坏于1930—1940年间，后来改成博物馆。以前这间房子是神庙，现在变成了额尔德尼召寺的办公地点和仓库。我们在博物馆的仓库里找到了几本藏文书。这些书籍有些用布包裹，有些藏在木箱里。每一部书籍上都贴有纸标签，上面写有书名。用俄罗斯蒙古文（新蒙古文）写着书名。有的写有藏文，但实际上大部分都是用俄罗斯文撰写的蒙古文，所以很多书名都是用俄罗斯文写的，不是藏文。博物馆里面的书籍是编有目录的，但这些目录是用俄罗斯文而不是藏文，所以我们看不懂。因此我们在研究额尔德尼召寺项目中加了一项编纂藏文目录的任务。博物馆里约有 250 本藏文书籍，大部分是关于摄类学的，其中有些我也没见过。比如，有一本《米拉日巴传名词汇编》。很多人都应该读过《米拉日巴传》，但是这本书是米拉日巴传的名词汇编。关于这个名词汇编，我没看这本书之前我是不知道的。名词汇编其实就是米拉日巴传中摘取一些难懂的词汇，并注明它的蒙古文意思，是藏蒙对照词典。像这样的书藏族不需要，但是蒙古族有这个需求，所以有很多这样的书。像这样的名词汇编，在额尔德尼寺藏有很多，希望有人能够去研究。

我在研究额尔德尼召寺项目中承担的主要任务是对馆藏在额尔德尼寺的藏文书籍进行编目。另一项任务是研究藏族教法史和史料中是否有关于额尔德尼寺的记载。在研读藏文的《蒙古教法史》（ཧོར་ཆོས་འབྱུང）中关于额尔德尼寺的历史记载的时候，我发现了一个叫作扎瓦丹正学者所著的《黄金年鉴》（གསེར་གྱི་དེབ་ཐེར）。过会儿我会介绍《黄金年鉴》这本书。先介绍一下扎瓦丹正这个人。

关于扎瓦丹正的传记篇幅很长，所以只能简略地介绍一下。如果你们对扎瓦丹正感兴趣，他有一本自传叫རང་གི་ཚེ་འདིའི་བྱེད་སྤྱོད་རགས་བསྡོམས་འདི་སྣང་འདི་སྣང་ཟ་ཟིའི་རྗེས་གཙོད，包含在他文集的第十卷当中。扎瓦丹正的文集在 1975—1976 年间，一位叫格鲁德巴的蒙古喇嘛在印度印刷出版，文集全集有 17 本。当然，扎瓦丹正虽是蒙古族，但文集是用藏文写成的，文集里有很多文章，这里主要举一些重要的例子。法显的《佛国记》是他从汉文译成藏文并做了注释。《黄金年鉴》这是一部教法史。除此之外，他还有很多关于显宗和密宗的文章。在他的文集中值得注意的是一本辩书叫རྩོད་ཡིག་ཁྱི་རྒོལ་སླང་སྨྲོན་འཛོམས་པའི་སེང་གེའི་ང་ར་སྐད，这本辩书的主要内容是一位基督教传教士和一位安多喇嘛辩经的内容。这不是扎瓦丹正的著作，而是他去塔尔寺的时候，在嘉亚活佛那里手抄下来的。在没有提及扎瓦丹正《黄金年鉴》中关于额尔德尼召寺的记载前，我们先看一下，藏文的《蒙古教法史》中有关额尔德尼召寺的记载。

藏文版的《蒙古教法史》有好几本，但据我所知只有旦却嘉措的《蒙古教法史》中记载了额尔德尼召寺的历史。这本教法史中说：在十个饶迥火狗年，也就是1856年建造了额尔德尼召寺。这里值得注意的是文本提及的是创建而不是重修或重建的字眼。然而这跟扎瓦丹正的看法却大相径庭。扎瓦丹正的《黄金年鉴》的全称是བྱང་ཕྱོགས་ཆེན་པོ་ཧོར་གྱི་རྒྱལ་ཁམས་ཀྱི་རྟོགས་བརྗོད་ཀྱི་བསྟན་བཅོས་ཆེན་པོ་གསེར་གྱི་དེབ་ཐེར，全书完成于1931年。《年鉴》中有与其他学者不同的观点。比如，《年鉴》中将佛教传入蒙古的历史划分为了前中后三个时期，也就是前弘期、中弘期、后弘期。关于前弘期的看法是从于阗传入的佛教；中弘期是成吉思汗和忽必烈汗期间传入的佛教，也就是13—14世纪。后弘期是第三世达赖喇嘛索南嘉措和额尔德尼国王建立供施关系以后，也就是17世纪以后。扎瓦丹正对蒙古佛教的传入与其他学者的不同点是，扎瓦丹正提及了前弘期这么一个说法。很多学者认为从成吉思汗和忽必烈汗以后佛教才传入了蒙古。有一部分学者认为自萨迦班智达和窝阔台，或八思巴和忽必烈汗之间建立供施关系以后，佛教才传入蒙古。但是扎瓦丹正认为萨迦班智达和八思巴没有到蒙古之前，佛教已经传入了蒙古。扎瓦丹正关于佛教传入蒙古的三个时间的划分，很多蒙古学者都很注重。尤其是特别看重萨迦班智达和八思巴，或者忽必烈之前蒙古就有佛法的这种看法。

现在我们看一下扎瓦丹正对额尔德尼召寺的看法。在扎瓦丹正的《金色年鉴》中写道：窝阔台国王重修了额尔德尼召寺。其中还有这样的记载：在后弘期，第三世达赖喇嘛抵达蒙古的时候，阿布大赛因汗重修了额尔德尼召寺。《金色年鉴》中记载额尔德尼召寺不是首次创建，而是阿布大赛因汗重修。因此，扎瓦丹正认为在前弘期的时候首次创建了这座寺院。中弘期窝阔台国王修复了该寺院，然后阿布大赛因汗重新修复了该寺院。这一看法在其他蒙古教法史中是没有的。这个观点是他的独到之处。那么，扎瓦丹正的这种看法到底有没有依据呢？他把依据写得很明确。比如，他亲自到该寺院实地考察，研究各种塑像，然后产生了这座寺院是很早以前建立的想法。除此之外，他还去了内蒙古的呼和浩特，比较了呼和浩特周边寺院的佛像与额尔德尼寺的佛像，因而产生了这种观点。此外，他还引用了一些历史文献，其中一个文献就是《额尔德尼召寺文献》。在扎瓦丹正的文集中有一篇题为《才旺译师》（མཁྱེན་ལྡན་ལོ་ཙཱ་བ་ཚེ་དབང་གི་གྲོས་ལན་སྤྲོས་ཤེལ་སྒྲེང་བ）的文章。才旺译师是一位布里亚特人，和格西曲扎是一个故乡，他由于把哲学文献翻译成蒙古文，因此有译师的称号。《才旺译师》收录在扎瓦丹正的第一卷当中，它是一篇才旺译师请教扎瓦丹正如何翻译哲学文书，而扎瓦丹正对此进行回答的文章。文章中才旺译师向扎瓦丹正请求抄一下《额尔德尼召寺文献》，并给了一些钱币，但是扎瓦丹正却拒绝并归还了钱币，说《额尔德尼召寺文献》不慎丢失，但有一篇向第十三世达赖喇嘛进献的藏译本，把它给了才旺译师。那么，《额尔德尼召寺文献》应该是首先用蒙古文写成，之后翻译成了藏文。

《额尔德尼召寺文献》在蒙古国和俄罗斯的图书馆和博物馆有几本，一名俄罗斯的研究者认为这是一篇从藏文翻译为蒙古文的文章。我和她的观点有点不同。另外在一篇《额尔德尼召寺的祈祷文》中，扎瓦丹正也提及了额尔德尼召寺早就修建，之后经过两次修缮。《祈祷文》的第一段记载："从前在此蒙古智者们，建造城市开创政教时，侍奉觉卧为主等供物，首先祈文祷告善行之。"这里提及了额尔德尼召寺修建于蒙古佛教前弘期。第二段记载：“成吉可汗之嗣窝阔台，在此结束政教之乱局，重修佛殿侍候供奉物，其次祈文祷告善行之。”这里提到了窝阔台重修了该寺院。第三段记载：“由 Halha 国王 Wachirpathu，依据达赖喇嘛之佛语，重启吉祥预兆之百门，最后祈文祷告善行之。”这里的 Wachir 是阿达三英汗王的称呼，他在后弘期重修了额尔德尼召寺。扎瓦丹正在《额尔德尼召寺的祈祷文》中再次提出了他关于这座寺院历史的看法，而且在最后一段记载“མདོར་ན་ཧོར་ཡུལ་ནོར་འཛིན་ཞིག་ལེ་ཏུ༎ དགེ་བཅུའི་ཁྲིམས་དང་བཤད་སྒྲུབ་དམ་ཆོས་ཀྱི༎ སྤེལ་བཟང་རིང་དུ་གནས་པའི་སྐྱབས་འཛུག་ནི༎ རིན་ཆེན་ཛོ་བོ་ཁྲིད་མིན་སུ་ལ་གསོལ༎”由此，我们可以看出，扎瓦丹正对额尔德尼召寺的崇拜。总之，扎瓦丹正将蒙古传入佛教的历史划分为三个历史阶段，分别是前弘期、中弘期、后弘期。按他的观点，额尔德尼召寺修建于蒙古佛教的前弘期，在中弘期和后弘期经历了两次修复。因此，按照扎瓦丹正的观点，额尔德尼召寺应该是蒙古佛教史上的一座标志性的重要寺院。扎瓦丹正关于额尔德尼召寺历史的看法我们就谈到这里。下面我谈一谈前些天我去蒙古国的一些看法。

这次是去蒙古国，研究了一些 13—15 世纪期间修建的寺院，这是我们大谷大学和蒙古国立大学合作的一项研究项目。研究方向就是蒙古的宗教史，为此今年 8 月我去了蒙古国，考察了一些寺院，当然，实际上只是一些寺院的遗迹。第一我介绍一下桑弘本多寺，桑弘本多是蒙古语，意思是蓝色小潭，这座寺院现在只有遗迹。遗迹有三处，一处好像是一座僧舍，应该是寺院的经堂，之后还有一个神庙，也像是一座经堂，由石头砌成。和我一同的一位蒙古学者说这种石头砌成的风格是藏式风格。和我们一起研究的一位蒙古僧人说，扎瓦丹正于 1931 年在这座寺院里讲授过《菩提道次第广论》，并在他的自传中也有记载。后来，我看了扎瓦丹正的自传，但没有发现这一记载。在研究蒙古历史时使用藏文文献时有一个困难，就是蒙古语的许多地名和寺院名称在转写成藏文的时候书写方式不一样，有时候不能知道具体地址，所以，研究使用藏文的蒙古史料时，一定要和一位蒙古学者一起研究。

第二主要介绍一下卧公顶寺院的遗址。这座寺院在一个山谷之中，要去这里需要翻越一座大山，之后再走 1.7 公里。虽然不知道这座寺院修建于何时，但也是石头砌成的，看遗址这座寺院以前的规模应该很大，但是关于这座寺院的历史及其他问题我们无从知晓。

我在这里同时想介绍一下阔钦拉康，它虽然不是在 13—17 世纪修建的，但是为了介绍蒙古国的寺院现状，我在这里专门介绍一下。这座名为阔钦的寺院，是我们去调研途中看见的一座小寺院。这座寺院规模非常小，像蒙古包，里面有《甘珠尔》和《丹珠尔》。我们在调研的时候，在这座寺院里发现了许多珍贵的书籍，而且里面有一些是其他地方没有的古文书。

最后简单介绍一下洪武寺，这座寺院也被铁栏围住了，也是石头砌成的。在这座寺院，蒙古国的学者和日本考古学家一起研究，发现了一些在树皮上写有蒙古文的书，这座寺院的不远处也有佛塔的遗址。

今天的内容就到这里。非常感谢。

主持人：还有一点时间，如果有什么问题可以提问。对我们来说，蒙古方面的讲座还是第一次。如果对这方面有研究，这是个很好的机会。

问答环节

问：扎瓦丹正中的扎瓦是什么意思？是他的姓吗？

答：不是姓，应该是根本上师的意思，今天我们用了扎瓦丹正的称呼。但是他也有其他称呼，有的称之为洛桑达央，有的称之为洛桑丹正。

问：非常感谢老师的讲座，我有两个问题，老师说，额尔德尼召寺周围有108座佛塔。那么，请问转108座佛塔有什么说法或原因吗？这与蒙古的习俗有什么联系吗？

答：我前往额尔德尼召寺的时候，寺院被铁栏围着，听说围绕它转三圈有殊胜意义的说法，但是，这里的转圈并不是随便转，而是要背着佛经转圈，我去额尔德尼召寺的时候，正好有几个蒙古人在背着大藏经围着寺院转佛。

问：我听说过一位叫索伯达央（蒙古达央）的人，他与扎瓦丹正是同一个人吗？在索伯达央的史书中听说记载着成吉思汗是聂赤赞普后裔的传说。老师在扎瓦丹正的史书中有见过这样的记载吗？

答：是聂赤赞普的后裔吗？那我应该再看看那本书。但是，我认为，他是不会那样写的。我认为扎瓦丹正的历史中有很强的民族认同。比如说，在萨迦班智达和八思巴没有来到蒙古之前，或者说在蒙藏之间关系不那么密切之前，他就说蒙古已经传入了佛教。但是，扎瓦丹正在他的《黄色年鉴》中写有很多方面的内容，比如他写道拉隆贝吉多杰到过蒙古。8月份我去蒙古寺院遗址时，有个蒙古朋友也说他们这个地方来过拉隆贝吉多杰。由此，可以看出扎瓦丹正在写《黄色年鉴》时，去过很多地方收集材料。但是由于扎瓦丹正有很强的蒙古族的民族认同，因此，他应该不会写成吉思汗是聂赤赞普的后裔这样的传说。

主持人：今天由于时间关系，今晚的讲座就到此为止。到目前为止，我们邀请了很多藏学研究专家。然而，除了研究藏族本土文化外，研究外地藏族文化题材的研究者很少。我们上次邀请了藏学教授查尔斯·然博做了一场有关尼泊尔高原藏文文献的讲座。其次就是今天的这场讲座，这对我们来说是开了一扇新的大门，使我们的藏学研究开阔了眼界。今年我跟三宅伸一郎教授一同参加了在蒙古国举办的国际藏学会议，在此会议上发现了一些研究蒙古文化的小组，由此可以看出关于文化研究的人很多，其中也有一些佛教僧人，这也可以看出藏族文化在蒙古地区有发扬光大的机会。会议上蒙古国社会科学院的一位领导在讲话中谈到，1930 年在俄罗斯的压迫下，他们的文化经历了一次摧毁，但是他们与俄罗斯分离以后，有了一次让藏传佛教在蒙古国重新发扬光大的机会。因此，正如三宅伸一郎教授所说，对蒙古国来说，藏传佛教和藏学研究在他们国家大受支持，并且在藏传佛教和藏族文化来说也是个发展的机会。今晚三宅伸一郎教授向我们展示了很多他的新研究成果，对此向教授表示真挚的感谢。

佛教是崇拜主义还是理性主义

主 讲 人：多杰旺楚克　教授

主 持 人：才让太　教授

讲座语言：藏语

时　　间：2013 年 11 月 18 日 19：00—21：00

地　　点：文华楼西区 0305 教室

主持人：今天我们有幸请到了多杰旺楚克教授来到这里进行专场讲座，教授目前是德国汉堡大学的教授、著名藏学家，主要研究印度佛教和藏传佛教并且取得了丰硕的研究成果。今天他将以《佛教是崇拜主义还是理性主义》为题展开本场讲座。请大家热烈欢迎。

主讲人：我的母语并不是藏语，藏语是我以前在印度等地和老师在一起时学会的，但是今天的讲座我会用藏语来讲。对于讲座来讲，我做的准备可能并不算十分充足，但是对于讲座的主题我有过深入的思考，所以在讲座过程中如果你们有疑问或者不清楚的地方可以直接提出来，我会及时解释。今天我要讲的主题你们应该看到了，我是用英文写的，用藏文表述就是སངས་རྒྱས་པའི་རིང་ལུགས་འདི་དད་པའི་རིང་ལུགས་རེད་དམ་རིག་པའི་རིང་ལུགས་རེད།（佛教是崇拜主义还是理性主义）。我把 Buddhism 翻译为佛教（སངས་རྒྱས་པའི་རིང་ལུགས）、Devotionalism 翻译为崇拜主义，而理性主义是由 Rationalism 译成的，这些词我全部都是直接翻译的，因此不确定能否在词典等诸多资料中找到。在此基础上，我想针对“佛教是崇拜主义还是理性主义”这一问题和大家做个探讨。

首先我谈个小话题。我在德国生活了十七余年，在这期间曾有很多人问我是否为佛教徒。之所以会出现这样的情况，我认为大概是由两个原因造成的：第一个原因应该是觉得作为一个学者或研究者有一套属于自己的思维方式和观点是非常重要的，有人会说：“既然你是佛教徒，那么在你就默认佛教是好的，因此你很难有新的研究成果，即使有也是对佛教肯定的成果。”也有人认为佛教是修行之法，如若不入定，那么不管学多久都无法领悟其精髓。以上这两种观点不管哪个都有片面之嫌。在亚洲或许没有人会有这方面的疑问，但在西方会对研究方法和思维方式进行激烈的争论。以前我们在汉堡大学举行过一百周年校庆，校庆时来了许多老教授，他们给我们留了一些课题任务，其中有一位教授的演讲就是关于上面的难题，这个难题被称作东方主义或东方学（Orientalism），这是个不错的观点。这里举个例子来阐述一下，以前有位俄罗斯学者和一位布里亚特学者对于研究方法有过争论，争论是关于 Ornithology 方面的问题，我把这个词翻译为“鸟类学”，这是一门研究鸟类的学科。那位俄罗斯学者认为那些鸟类在任何时候都不可能成为研究者，自己是那只鸟就无法对其进行研究。这是个很困难的问题，我们在研究佛教或其他各自的宗教时都会遇到类似的疑问。

很多信仰佛教的人通常会这样说：“如果想要研究佛教就需要入定，不然领悟不到佛法的精髓。”同样，我在西方的那些信仰佛教的学生也会说：“老师您没有入定就无法理解佛法的精髓。”我觉得我们有一个研究对象，不管这个对象是佛教或者是其他什么，我们把它放在中心，只要研究者具备一定的内外条件就能对它进行研究，而不用分“鸟”和“鸟类研究者”这种区分。再者针对类似“研究与佛教相关的都应该是佛教徒”这样的说法也是不正确的，因为资料中的内容和观点是用文字记录的，对于任何一位作者或大家，如宗喀巴大师在其《辨了不了义善说藏论》里讲述的内容，不管你喜欢与否、承认或不承认、听没听懂，尽量理解其内容是研究者所追求的。我觉得如果具备一定的内外因素，那么就能更好地理解其内容，但是能否接近内容以及接近的程度则取决于自己。有的天赋不足，有的不懂所用的语言，有的不懂学术史，有的不懂著作内容，可能会碰到这样一些问题。然而尽量对其进行解释是研究者的责任。通常我只是和那些专业研究者讨论过关于研究成果的相关问题，今天由于我在这里比较自由，因此就不管是否为专业研究者，在这里力所能及地讨论这个问题。

首先我们将围绕什么是 Buddhism 的问题进行展开。按我的理解，Buddhism 是佛教主义（佛学）。这些问题在西方很早以前就提出过。一般研究有研究方法的学术史，对研究感兴趣尤其是研究佛教的人来说，更要掌握这些研究方法的学术史。特别是在欧洲和美国有一套佛教的研究方法，并且历史还比较久远。纵观这段历史就会发现有很多人提出过类似的问题，而且这个问题应该是很重要的。就像西方人会问佛教是什么？是宗教还是哲学？亚洲人应该没有这方面的疑问，但是在欧洲和美国很多人有这样的疑问。之所以在欧洲和美国出现这类情况，应该是由诸多原因造成的，但是其中最重要的一个原因是欧洲普遍盛行一神宗教（Monotheistic Religion）。这是一种只信奉一个神或一个上帝的宗教。例如，在欧洲比较盛兴的犹太教、基督教或伊斯兰教。以前我们在学习时翻词典发现宗教被定义为：承认宇宙只有一个神或上帝，而这个唯一的神是造世主。如果以这个标准来划分，佛教是不是宗教呢？答案是否定的，实际上佛教不认为是由唯一的造世主创造出了一切，那么显然佛教不符合宗教的定义。问题的答案取决于对宗教和哲学定义的理解方式，因此宗教如果是基于“唯一的造世主”

来定义，那么佛教就不是宗教。那是不是哲学呢？哲学在西方享有盛誉，过去我的一位老师来德国进行过一场关于梵语的讲座，他认为除了他的观点外，其他都不是哲学，这样一来佛教也不是哲学。但是谈起当今人们对 Religion（宗教）和 Philosophy（哲学）的理解，认为 Religion（宗教）不承认此生是生命的终点，而且认为可以憧憬其他内容。比如，人死后会以另一个形式回来，应该是类似这种思考方式，多数 Religion 是这样的。Religion 认为此生不是唯一的，也不是最重要的，并且认为最重要的会在将来的某个时刻到来。基于此可以祈祷或期待将有更美好、更有趣的事物出现，以这样的思考方式来思考 Religion 的话，可以把藏族的所有宗教教派都囊入其中。关于这点我简单说几句，只要是信仰佛教的，都会对未来有所憧憬。我们会怕死，但多数人还会抱有一定希望。从这一点我们也可以说佛教是宗教。现阶段我不知道 Philosophy 在藏语里叫什么，如果叫མཚན་ཉིད་རིག་པ，那僧人们会有别的联想，所以这个问题就自己思考吧！像我的话还需要对མཚན་ཉིད་རིག་པ 进行思考。我们按书上的广义和狭义来说 Philosophy，比如，作为一名文学家或画家，他会对什么是文学或绘画艺术产生一些思考。同样任何一个人都会对生命中的一些事或者对人的生命意义等方面产生疑问，像这样的思维方式就叫哲学。那么我希望能用哲学回答与今天的题目有关的问题。

我不是一位哲学家，却对哲学有着浓厚的兴趣。实际上我是一位语文研究（Philology）工作者，而 Philology 在藏文中被译为“སྒྲ་རིག་པ”，但实际上不仅仅指“སྒྲ་རིག་པ”，所以我对这个翻译不太满意。虽然我把自己定位为语文学家和历史学家，但我感兴趣的是哲学。可如果没有吃透语文学，那么也没法理解哲学，因此必须要掌握好语文学和上面所提及的知识以及书本上的内容。接下来我需要说几个关于 Philosophy（哲学）的词语，第一个是 Ontology（本体论），第二个是 Epistemology（认识论），第三个是 Gnoseology（灵知论），第四个是 Soteriology（救赎论），第五个是 Axiology（价值论），第六个是 Sententology（众生论）。至于这些词怎么翻译成藏文的问题由你们来思考吧！我简单解释一下，Ontology 是哲学的第一个主题，是关于“有什么”和“是什么”的问题，是“有”和“是”的问题，尤其是关于“有”的问题。那么有人认为这是要解决“有”和“是”或者“无”和“非”的问题。通过论证和反驳来判断“是非”或“有无”的问题，知道这点即是哲学（Philosophy）。我们懂 Ontology 或不懂、喜欢或不喜欢，Ontology 就是关于我们知道什么的问题。

这里我需要先简单介绍一下佛教哲学的历史，这个很重要。这里所说的历史不是寺庙佛教的那种历史，而是学校里老师们讲的历史。这两者有时是一样的，但不一定是对等的。按照现在我们习惯的研究方式，在思考方式上需要一定的自由。这个历史说法认为佛教研究需要从佛陀开始。实际上现在的学者尤其是我在德国的老师认为：佛教是涅槃之法，这点那些喇嘛和佛教徒也都承认，他们也认为佛陀所授的一切都是关于成佛的方法，并认为只要掌握好这个办法，其他也就没那么重要了。然而这和哲学是相反的。如果我们把佛教哲学理解为我老师所说的那样，那么佛教典籍中的观点就会有两种，一种是有与印度外道思想相同的观点，另一种是只有佛教才有的观点。比如，由于因果论，我们的一生并不是完美的，会经历生老病死，而生老病死也并不总是那么简单和如意。而且还存在轮回说，或者说在佛教以外也存在轮回说。但是如果举例说佛教特有的观点就比如“无我”，认为找不到一个叫“我”的实体存在，这便是只有佛教才有的观点。而这个特有的观点内部也会有所不同。从现在 21 世纪往前追溯，在历史长河中出现了多少像经部、胜论派、唯识派、瑜伽派、中观派、密咒乘以及事续等，它又可以分为阿赖耶识等很多不同的观点。关于这些派别，研究者们就提出了是不是从一开始就存在的疑问，他们认为佛陀在世时并没有这些派别，而是后面逐渐兴起的。

我的老师对此采用的方法是区分出有哪些新的部分，以及对这些部分兴起原因的解释。例如，这些派别是什么时候兴起的、怎样兴起的。那么在他的众多说法里我最喜欢的是什么呢？佛陀在世一段时间后便涅槃，他的学生们就说我们只剩下皈依三宝里的两个，佛陀已经不在了。那时还没有大乘佛教中的那种思想，认为佛陀圆寂就是圆寂，并不会存在于另一个地方。往后的与佛陀有关的观点如佛陀是什么，佛陀的教义是什么等观点逐渐变得愈发详细和浩繁。关于佛陀和佛陀教义的认识形成了佛学（Buddhology），这有两个内容，一个是研究佛教经典的，另一个是研究佛陀自身的，即佛陀自身的本质和作用是什么。关于这点，佛教徒们早已有过大量的思考，比如密宗阶段、大圆满阶段以及对法阶段都有过对这个问题的思考，并且有的时候会产生相同的观点。因此佛学就显得非常重要，也因此成为哲学。

早期佛教历史是自佛陀出生到佛陀圆寂后就结束了，但那个我们既看不到也对我们没什么作用。圆寂了就不可能像火一样复燃。因此人们认为佛陀圆寂后就没了精神依靠，而另一些人认为佛陀亲口讲授过："我圆寂后我讲授的佛法就是你们的佛，也是你们的老师。"少数人会觉得事实确实如此，而多数人则并不满足于此。这是因为我们虽然把佛陀想象得非常不可思议，但是翻阅以前的文献就能发现佛陀实际上和我们现在的老师一样，比如你在入定时遇到困难找佛陀，佛陀就会教你怎么做，因此这些人会将佛陀当成精神依靠。可是当佛陀圆寂后要他们依靠佛学经典即佛陀的说教时，有些人会满足，而有的人则不能满足，而没有满足的这些人就需要心灵上的满足或一位灵魂伙伴，就像我需要父母在身边一样，这时大多数人的心理需求没有得到满足。佛陀圆寂后没有复活的可能，因此这些人心里的空虚就无法弥补，便会想方设法使佛陀得到复生。

我的老师写过一本关于佛陀身躯的书，他在里面说舍利崇拜是供奉佛陀圆寂后火化遗体时留下的结晶体并慢慢形成了对此崇拜的习惯。渐渐地人们又意识到舍利不能随便乱放或者不能简单地供奉在桌子上，于是觉得必须要找个供奉的地方，便建塔加以供奉。此后出现了有些人就只供奉佛塔而不看佛经的情况。之后翻阅《般若波罗蜜多心经》后发现供奉佛塔并没有什么实际意义，而且发现一个真正有学问的人应该信奉《般若波罗蜜多心经》，于是就出现了供奉《般若波罗蜜多心经》的习惯。这时一部分人把舍利当成佛陀本人供奉在佛殿里。于是，当无法击败对手时人们就会在舍利前祈祷或供奉佛塔。随后出现了一个重要的观点，即随念，相当于想象佛陀。也有说法认为入定时观想佛陀就能使佛陀显现出来，但是入定的人也不傻，他们知道佛陀的真身已经不存在。有一本叫རང་བྱུང་གི་ཤེས་པའི་མདོ的书于公元179年前后翻译成了汉文，这是一本非常古老的经书，里面说入定的时候脑子里会有东西浮现，而他知道意识里浮现的佛陀除了自己的意识以外是不存在的，于是就觉得一切物都是由意识来决定的，从而以偏概全。这本经书的意思属于唯识派，即以意识为主、一切物都是意识、三界以意识为主，也就是后来唯识派的观点。

许多西方人对上述观点进行了反驳，他们认为佛教哲学或印度与西方的哲学之间有一个不同点，比如希腊哲学和印度哲学的区别，希腊哲学是经过各自的思辨和思考变成哲学的。一般认为是从经验形成观点，再用观点来积累经验的两种关系就显得格外重要。我的老师认为经验形成观点，而入定又源于观点，并认为佛教不是由思辨形成的哲学，而是由一些人的经验获取的哲学，比如唯识论。可是一旦变成哲学，各自的修行入定会不会有变化呢？这点是有的。比如，我们以小乘来入定时会将色（གཟུགས）想象成污秽不洁来修行，其实并非一定要把它想象成污秽，只要把梦当成虚幻的就可以。在金刚乘中当成很纯洁或者想象成自然的光明为宜。那么哲学和入定之间是有关联的。

然而，有个重要的点是佛陀在世时根本不承认“思辨后形成的一种哲学”这一说法，据说佛陀在世时有学生提出十四个“无记见（ལུང་མ་བསྟན་པ）”问题，这些问题很多都是以上那种思考方法，比如世界有没有边、佛陀圆寂后还会不会存在等问题。佛陀认为这些是没有意义且对别人没帮助的问题，佛陀对“思辨后形成的哲学”这样的观点是不予以承认的。如果说关于这点最好的例子是什么，那就是如今在西方广为流传的一些例子，我们藏族的僧人们时刻都会讲，如有个人射箭时射中了另一个人，而被射中的人只思考箭是从哪里射来的、那个射箭的人穿着什么衣服、那人是南方的还是北方的或拿着什么样的弓等之类的问题，那个人应该早就死了。像这样的问题对他活着没有一点帮助。因此你们若问这种哲理问题，没得到答案之前就会死掉，而死去帮不了任何人。那么实际上佛陀把哲学（Philosophy）放到不能提供帮助的位置上。可是与佛教知识结合而成的哲学也有类似的如唯识论哲学的存在，哲学也有这层原因，灵活运用这一点也是我们研究者的责任。

在了解佛教研究的历史后得到与过去自己观点的不同之处是情有可原的，但是我们首先应该要尽其所能地去了解。因此，哲学之所以称之为哲学是有很多原因的。先前佛陀认为哲学如果不能有助于涅槃或脱离苦海便是没有用处的，简言之，这种思路认为佛陀没有感知的便是无用的，有所感知的则是有用的。

有人说，后来发展起来的大乘佛教认为全知者（ཐམས་ཅད་མཁྱེན་པ）就像知道我们在银行里存的钱以及密码的人一样，然而有些佛教徒并不承认这点，他们认为唯有精通四谛才能称之为全知者，而那些琐碎的事是无关紧要的，这是全知者的另一个解释，即除了佛陀所知晓以外的都是无用的。

总之，我要讲的哲学全包括在下面这些内容里面，其中之一就是关于存在本质的 Ontology，这个在各教派和大小乘佛教里都会有不同的存在。我简单说一下这一方面，有些人会认为我们身体除了肉身和意识之外没有其他的东西，肉身当中也不会遇到卓越、精妙的东西，类似这种东西是不存在的。而这仅仅是个躯体，那么这躯体就是一个 Ontology。还有人认为这是物质，内外的这些物质只是有诸多因素形成的，而不存在一个深奥的“我”。也有些人说物质像梦一样是虚幻的，还说仅有这些是“空”的像梦一样，就如同古印度有个女的特别想要个儿子，于是她就梦到自己生了一个可爱的孩子，他渐渐长大后去学校学习，并且后来找了一份不错的工作，后来又梦到他死了，那个女的为儿子哀悼。可事实上那个女的从最初就没有生过儿子，类似这种事情就是空的、虚幻的。在金刚乘阶段把思想提高到一定境界后认为一切物质都是意识的，而意识又是所谓的“心性本净”。诸如此类 Ontology 有很多内容，没有办法全都说完，只能到此为止。

第二个 Epistemology（认识论）的主要问题是关于怎样认识客体的问题，也就是我们怎么了解存在于客体上的一切，这个被他们称为 Theory of Knowledge，即知识论。我简单解释一下这部分，由于时间关系我们不能把每一个教派的 Epistemology 都讲完，下面我将基于一位藏族大师来说，他就是 11 世纪后藏的绒松大师（རོམ་ཟོམ་ཆེན་པོ་ཆོས་ཀྱི་བཟང་པོ་）。绒松大师生活的年代刚好介于新旧密宗的发展节点上，因此他精通新旧密宗。此外，他还是个俗人出身的译师，也是我在藏族学者里最敬仰的一位。绒松大师的作品很难理解，因此很多藏族人对此没有给予太多重视，于是有人恳求他写一篇通俗易懂的众人都能读懂的书，但是他却没有在意这些，好像认为除了把该说的事实或者实际情况表达出来以外，不用考虑读者是否能理解其内容。因为内容的晦涩以至于他的著作长期以来鲜有人问津，直到19—20世纪有个康区的学者奔赴卫藏很多地方才找到，如今他的文集由四川民族出版社出版了。这里我需要提一下爱因斯坦的相对论。简单来说，他就是说我们这辈子里发生的战争中我看到的是真的，你看到的是假的。正像我们人间的战乱一样，神仙也有这样的问题，阿修罗、饿鬼、瑜伽师、佛、菩萨以及持明都有这些问题。有的是业力造成的，比如喝水。人需要饮水是业，但鱼喝水与此稍有区别。同样神和佛喝水也是不同的。那么就会产生一个问题，同一个物，比如被人们称为水的东西，谁看到的是真的，谁看到的是假的，或者为什么是假的、为什么是真的。绒松大师认为对于上三道（འགྲོ་བ་གསུམ）的我们来说不能像区别黑白一样来鉴别真假。绒松大师认为要以主体存在的无知程度来决定对错，就是说烦恼和罪孽越少距真理越近。比如人所能知道的最大区间以一到一百的分值来衡量，那么藏族有些学者认为佛陀能看见百分之百，而有人却不把佛陀算在里面。又比如以阿鼻地狱（无间地狱）的众生为例，从一无所知到渐渐除去盖障，到越来越了解物的本质，也就是说本体的烦恼和罪孽越少便距真理越近。以上是绒松大师的观点。

下面要讲 Gnoseology（灵知论），我把它称之为“ཡེ་ཤེས་རིག་པ”，有人说这是一个 Higher Epistemology（高等认识论），也有人说与梵文的 Jnana（若那）和希腊的 Gnosis（灵知或真知）有关。关于 Gnoseology 的问题没法讲太多，在这里就讲一点。实际上我希望把 Gnoseology 和 Epistemology 放在一起讲以便更好地解决与今晚主题有关的问题。他们提出知识对于佛教徒来说是否重要的问题，比如基督教把知识看成是一种障碍，又比如基督教认为最初只有两个人，即亚当和夏娃。关于人类的起源是由于这两人因贪欲偷食知善恶树的果实后，被逐出后成为人类的。佛教根本没说与此相关的说法，其讲的是一种智力和思维习惯以及人心向善做一个好人的问题，如怜悯、慈悲、仁爱等。这两个要严格区分，一个是基于内心，另一个是基于理智。我分别称它们为 Emotional 和 Rational。其中 Rational 是逻辑的，即理性。内心的慈悲、仁爱、自傲、嗔恚（憎恨）、贪欲等是 Emotional，即感性，这点是需要解决的。即便是我们说的苦闷，也是有智慧的一部分和感受的一部分。比如，妒忌不是理性而是感性，而需要脱离的或给予理智的是理性或智慧的任务。如果说这两个中间哪个重要，或者有人会问应该给予崇拜还是思考？这就是我们上面讲的佛教是崇拜主义还是理性主义的问题，对此我们需要谨慎对待。

从苦难中解脱的最终办法是智慧和理性而非感性。《释量论》的作者法称认为不管积累多少高尚的情感，即怜悯、慈悲、仁爱等都不能使人脱离苦海。但这并不等于说慈悲等没任何作用，而是认为单靠慈悲是不足以让人解脱的。因为除了智慧能在不违背生死根本的前提下断除苦根外，慈悲等情感是断不了的。若不把上面这些情感和智慧维持平衡，则会有偏向不自由涅槃的风险。法称大师认为再好的情感也无法使我们脱离三界，因为情感是无法断除生死根本的，而唯有智慧能做到这点。另外，绒松大师认为从低级的声闻乘到大圆满法关于涅槃的观点是一样的，这个被称为一见得解脱（མཐོང་གྲོལ་པ）。由见得真理的力使人得以解脱，这点在佛教里一致认同。紧接着就要把 Epistemology（认识论）和 Gnoseology（灵知论）放在一起，灵知有两个意思，一个是指众生有智，但是今天不谈这部分内容。另一个意思是指在入定修行时由修行的力使得产生一切知从而涅槃的特殊情况。我们脱离苦海需要慈悲、仁爱等，但仅有这些是不够的。

接下来讲 Soteriology（救赎论或救世神学），Soter 应该是希腊语，其意为拯救者。任何一个宗教都有脱离苦海的观点，这个观点和习惯被称作 Soteriology（救赎论或救世神学），并且每个宗教都存在。以真谛来实现涅槃不仅是佛教的观点，也是整个印度的思维模式，即正确认识物的本质。比如，了解毒药的特性就能预防毒药的危害，这是印度的一种思维方式。若得以见到烦恼的本性，便不再受烦恼的困扰，如若掌握烦恼的本性便可以消除烦恼，这是 Soteriology 的一种观点。所以，以真谛来实现脱离苦海的思想是印度和佛教一个特殊的观点。

第五点要讲的是 Axiology（价值论），德国也有这个词。主要是指 Value，即价值的哲学，但并不是指一切价值。有些学者把价值分为 Ethical Value（道德价值）和 Aesthstic Value（美学价值）。前者是指我们可以做的和应该做的问题。比如，什么样的问题值得我们思考。后者是指美与不美的问题。比如，这个书很好看、我要买这本书等类似问题。关于这点在佛教里我用“有”和“无”来思考。围绕这个我还需要和你们说两个新词，一个是 Intrinsic Value（内在价值），另一个是 Extrinsic Value（外在价值），这两个词对哲学非常重要。我们会问世界有没有价值，有的话怎么鉴别，为什么会有价值等问题。Intrinsic 是指不管有没有被使用，它本质就有很大的价值。因为我喜欢，对我有价值、对我起很大的作用等是 Extrinsic Value。一个是因为作用大才重要、才贵重。另一个是不管有没有作用都是重要的、贵重的，其自身就有重要的意义。

我从开始研究佛教到今天最大的成果便是：佛教认为事物没有任何价值，我们虽然有血肉之躯等许多外在的物，但是要我们找出其意义或者最重要的核心时我们拿不出来。因此一切物都没有意义，这点佛教经典里会用“像香蕉树一样”之类比喻。不丹也产香蕉，我们小时候特别喜欢砍香蕉树，只要有一把破刀我们便会去砍，然后看着被砍断的树，以为里面会有什么，当我们把皮一层一层剥下去时，发现除了树皮还是树皮。这也就是佛经里说的一切物如芭蕉树，没有核心部分。总而言之，就是没有本质的价值意义，但是好像可以赋予其意义。若问能不能将一个没有意义的物变成有意义时，答案是肯定的。

比如，纸币本来只是一张纸，并没有什么价值，但在物品交换中被赋予一种价值后就能够购买东西。可以赋予一个没有价值的物价值和意义。那么，如果从佛教角度思考什么是可以赋予价值的，色蕴（གཟུགས）等五蕴是可以赋予价值（意义）的。这就是在书中提到的“赋予意义给没有意义的东西”，如从佛教的层面来讲在色蕴等一切物质中，我们只拥有两个东西：一个是外在的物质，比如躯体，就像肉和石头一样；另一个是意识。那么对于人来说也只有物质和意识，如果能利用这两点便可以脱离苦海。我们为了涅槃需要色蕴，虽然色蕴没有内在价值，但是我们可以给它赋予外在价值，比如船本身并没有价值，但是它有助于我们渡河才显得有价值。

此前我想给你们做关于菩提心的讲座，但是在别处讲过很多次，因此就换成今晚的这个主题。藏文文献中记载着一个身体（Physical）性质的菩提心。你们大概没听说过，这是密咒里的用语，有白菩提和赤菩提。一个是关于物性质的菩提，另一个是到大乘时也需要发菩提心和发慈悲心等普度众生的菩提心。这是集意识之精华而成的菩提心，比如，怜悯、慈悲、智慧等结为一体而成的菩提心。还有一种是我们的身体最终要到白菩提和赤菩提层面。物质性质的白、赤菩提心在藏医中好像有提到。我们人的出生是男性身体里的精华即精子与女性身体之精华的血结合而形成的，即被称作赤白菩提。这两个结合又形成菩提心，这也是一个集结精华的方法。简而言之，可以给没有价值的物赋予价值，这是一种价值。

另一种价值是我们有颗善良的心，我把这个当成藏族社会里非常好的一种现象。如今的社会有个大问题，比如，全世界除了说这个好、这个不好，或者这些全是好的、全是不好的以外，几乎不谈怎么好或怎么不好。我思考很久后觉得按藏族人的思维方式，一个人光因为好看而当成好人是不可能的，如果一个人表面玉树临风但却有颗邪恶的心是不可能被视为一个好人。或者有的人觉得荣华富贵是好的，但会有人对此提出质疑。以我的观察，在藏族社会里只有真正心地善良的人才会被所有人视为好人。不管外表怎样，只要内心善良就会被当成好人。这就成了一种价值，并且是价值论（Axiology）的一部分。本身很好且不害人，或者即使帮不到人也不害人，这也是属于善良。虽然心善本身没能帮助别人，但也不让自己害人的这种忌讳也是属于价值论，而且这也变成佛教的价值论。像外在的态度和动作对别人做出有害或有益的事，时而认为很好，时而又觉得不好。但是所谓的好坏却因内心而论，也是用心底好坏来定。这就是我说的价值论里的道德价值（Ethical Value）。简而言之，虽然戒律非常重要，但其根源是要有一颗善良的心。

有人说日本人有个审美观，欣赏一幅在我们看来很普通的画或一件衣服时便会说很美、很好看，但是我们欣赏画时会觉得太过于鲜艳。那怎么理解这个呢？这就是美学价值（Aesthetic Value）。那么，佛教里是否有这个呢？按西方人的思考方式来说，这个审美观在佛教中不太重要。在我所看的佛教典籍里重视的问题不是美与不美，而是干不干净，不以脏为重而以净为重。然而在物质外在的干净与内心纯洁之间后者更为重要。比如，在日常生活经验中，不管在男性还是女性的眼里，如果你对面的人看着比较干净，那就会觉得对面的人美。我记得好像圣天或提婆（འཕགས་པ་ལྷ）早就说过类似的话。他认为，对面的人能被我所拥有的这个动机之所以能被察觉是因为内心清澈、干净，这或许由人的价值观决定。又如身体不健康是不能传宗接代，而长得不好看又被认为是一种不健康。总之，对于佛教来说美不见得有多重要，反而纯洁与否才是最重要的。并且在美不美这个问题上外在的美远不及内心的纯洁。

接下来是“Sentientology”，我之所以把这个词上加引号是有原因的。佛教里除了人以外还有众生，而且佛教的众生观非常重要。众生除了旁生以外还包括我们人类，但是我们对于有关众生的观点和看法没有适合的英语名词。如果叫 Anthropology，那么就变成了对早期人类进行研究的学科，即人类学。如果是 Biology 就会变成生物学，而 Zoology 又成了动物学。因此没有一个能囊括众生的学科，而偏偏又需要这样一个名词，因为我在翻阅佛教经典时需要一个名词来解释，于是我用谷歌查询后找到了一个合适的词。你们如果看过《星球大战》里面就有个词“Sentientologiest”，意思为研究众生的学者。后来我向朋友们问这个词的出处，他们说或许在拍摄这部电影的过程中有请教过某位藏学家。这部电影里有位演员叫 Uma Thurmam（乌玛 · 瑟曼），她的父亲 Bob Thurmam（鲍勃 · 瑟曼）是哥伦比亚大学的一位资深教授，以前是一位佛教僧侣。据说在电影拍摄时请教过他，这个词应该是他创造的。我觉得“Sentientology”这个词非常重要，其他宗教对此没有过多关注，更多的是关注人类，他们觉得人是最重要的，其余众生他们没那么重要。“Sentientology”承认有多种不同的众生，有的生在地狱，还有旁生、人、神、阿修罗。有的是好人或是坏人，有的信教。还有每个人的根（དབང་པོ）、界（ཁམས）、兴趣、心灵都各有不同。佛教尤其是唯识派或中观派有不同的种姓。有的人认为心有很多种，可以分为五种姓，并认为其中有些人会成菩萨，有些人会成阿罗汉，等等。这些是最初就有的，是得益于规律。有些人认为根本上没有种姓分类是非常不明智的，还有些人认为所谓的不定种姓取决于遇到何种老师和学生，比如，若遇见声闻的老师，就修习声闻法；若近菩萨道老师，就修习菩萨法。

我的老师非常擅长瑜伽行，他说他年轻的时候对佛教非常生气，因为他觉得佛教非常有偏见，有些人无种姓，而有些人却已成佛，并且说那些无种姓（རིགས་མེད་པ）者发菩提心也没用，这让他非常生气。

如今年迈的他认为种姓的观点非常好，这是因为欧洲的学术和社会里存在一个弊端，例如，在欧洲如果你信奉宗教，你就要带着你的家人去教堂供奉上帝。如果你不去教堂他们便会把你从教会里剔除，甚至不让你的孩子上学，所以会产生自己丧失自由的感觉。据我老师所讲，在唯识派的文献中指出五种姓并不是恶意的，而是用很好的例子来解释。比如，有些人对宗教毫无兴趣或完全没有信仰也可以。但是那些菩萨们无论何时都会为轮回中的众生尽力。菩提心就是因助人而得以存在的。也就是说如果人人都成佛了，菩萨就会没有工作。正因为有五种姓，所以没到绝尘之际菩萨就会一直有工作，然而轮回永无止尽，所以菩萨也不会没有工作。尤其允许没有信仰的思想是非常伟大的，对此我是这样说的：藏族的僧人和教师、道友会说你不学法、不入定，有人又会说自己没念经、也没去佛堂供佛，对此我认为有些人不想去佛堂就应该给其不去的权力，不想学法就给他这个权力，想去地狱就请给他去地狱的权力，要什么权力就给什么权力。而如果说有些种姓不存在，但是也无大碍，因为会尽力帮忙。有一本名叫《大乘十地》的著作，其中有一章是关于种姓的，里面有一个像如今的大纲（Program）一样，里面写着有关菩萨应尽的工作之类的内容。在这里面对那些无种姓的人有一个特殊的机会，要在承认六界众生有别的基础之上应给予私人一些权力。这点我老师有领悟到，现在他年岁大，胸怀就更加宽广后，反而觉得这个很难得，但在年轻的时候视其为偏见。在大乘和大乘中观承认《大方广如来藏经》的大乘和金刚乘阶段都说“五种姓”只是暂时的，再不济的众生最后也只能归为一个“种姓”，也就是“如来种姓”，认为不管有无兴趣成佛，“如来种姓”是存在的，因此不管何种生物都要敬畏，因为都有可能是“如来种姓”，这也是一种价值。因此佛教对众生的观点，尤其关于“种姓”的观点是非常有趣的。今晚就到此结束！

主持人：今天的讲座因时间关系就到此结束！多杰旺楚克教授是佛学研究领域的大专家，今天他用西方的哲学来比较佛教，进行了一场精彩的讲座。让我们用热烈的掌声向他表示感谢！

（本文根据现场录音翻译为中文）

卡瓦格博朝圣：一个关于中阴的隐喻

主 讲 人：卡提亚·毕菲特里耶 教授

主 持 人：扎巴 副教授

讲座语言：英语

翻　　译：德倩旺姆 博士研究生

时　　间：2014 年 10 月 27 日 19：00—21：00

地　　点：文华楼西区一层学术报告厅

主持人：今晚我们非常荣幸地邀请到了法国巴黎高等社科院教授卡提亚·毕菲特里耶女士莅临我院进行讲座，她对藏地神山文化进行很多年的研究，并取得了很好的成果。今晚她将对神山卡瓦格博的有关内容展开讲座。大家掌声欢迎！

主讲人：我分别在 2003、2004、2005 年在卡瓦格博做过三次田野调查，我的主要目的是做关于卡瓦格博朝圣的相关研究，以继续我从 1990 年开始的以神山信仰崇拜为题的博士论文。

我在 2003 年前去调查，是因为 2003 年是一个非常特殊的年份，癸未年。这是卡瓦格博朝圣最吉祥的一年，因为据说这是在藏族历法六十年一饶迥的算法中，卡瓦格博山神的出生年，是一个非常特殊且吉祥的时机。

神山卡瓦格博

卡瓦格博峰分割了云南和擦瓦绒边界上的湄公河和怒江流域，海拔高达 6740 米，是目前云南省和康区的神山中最高也是最神圣的一座神山，山神（ཡུལ་ལྷ་གཞི་བདག）也被认为是最为重要的守护神。直到现在这座山仍被认为是“未被征服的”。由于恶劣的天气条件，20 世纪 80 年代至 90 年代众多探险队试图登顶但从未成功。1991 年，一支由中国人和日本人组成的联合探险队在登山时发生重大事故，17 名登山者死于雪崩。藏族人认为这些悲剧的发生是由于卡瓦格博山神对他的领地被侵犯而产生愤怒的结果。2001 年以来已停止发放登山许可证。

转　山

由于 2003 年是卡瓦格博朝圣最为吉祥的一年，关于到底有多少朝圣者会去朝圣的问题就变得十分有趣。正如大家所知，一年内到底多少人去过朝圣总是很难确定的数字，但是在香港一个非政府组织的帮助下，问题迎刃而解。这个 NGO 在卡瓦格博朝圣的必经之路，位于湄公河的一座桥梁旁边的路段设立了一家茶馆和一家诊所。从 2003 年 6—12 月，每天从早上 6 点到晚上 8 点，汉人和藏人的各种朝圣队伍和到达的人数达到 67477 人，其中 2506 人是僧人或尼姑。具体数据如下：

6 月：1995 人（其中有 69 名僧人和 25 名尼姑）

7 月：2768 人（其中有 47 名僧人和 9 名尼姑）

8 月：3410 人（其中有 73 名僧人和 42 名尼姑）

9 月：8148 人（其中有 122 名僧人和 148 名尼姑）

10 月：28787 人（其中有 355 名僧人和 675 名尼姑）

11 月：17956 人（其中有 276 名僧人和 451 名尼姑）

12 月（上旬头十天）：6413 人（其中有 104 名僧人和 110 名尼姑）

佛教信徒和苯教徒以同样的方式转山，但是转山方向由于各自的传统而不同。大多数朝圣者是康巴人，他们确信卡瓦格博山神是当地的神灵。朝圣者来自迪庆、察隅、类乌齐县、巴水、班玛、昌都、贡觉、丁青、结古、理塘、马尔康、德格、巴塘、察雅等地。

朝圣者中的很多人在 7 天之内就完成了这场艰难的长途朝圣，这要求他们每天行走 15—18 个小时。然而，无论是在杂日（路况非常不好的位于藏地东南的一座神山），还是位于安多的阿尼玛卿神山，转山一圈就足以将犯下的罪孽和烦恼净化，这在卡瓦格博的很多仪式仪轨上也是必需的。有大部分朝圣者希望在有生之年能够转山 13 次。这个数字在藏族人的非佛教的关于世界观、历史和宗教的典籍中出现的频率非常高。但据朝圣者说，无论最后转了多少次，这个数字必须是奇数，偶数表示进程已经走到尽头，不会再有结果。与此相反，奇数由于其“不完整性”而充满潜力，并继续产生积极作用。因此，在藏族传统文化中“3”或“9”或“13”被认为是幸运或吉祥的数字。

卡瓦格博朝圣的“开山仪式”

如同藏地的所有朝圣一样，卡瓦格博朝圣的传统是由一个特别的人在某一天开启的。

根据一些文本资料来看，卡瓦格博峰的朝圣始自卡瓦格博南喀曲吉嘉措白桑布（ཁ་བ་དཀར་པོ་ནམ་མཁའ་ཆོས་ཀྱི་རྒྱ་མཚོ་དཔལ་བཟང་པོ），关于此人一些相关的藏文文献有记载。《噶陀寺简史》一书中写道：他出生于擦瓦岗，在噶陀寺接受了宗教学习并在这里遇见了康珠益西坚赞（ཁམས་སྤྲུལ་ཡེ་ཤེས་རྒྱ་མཚོ，1395—1458），其中一种说法认为他是噶陀寺十三世转世活佛，也是最后一世。至于南喀曲吉嘉措白桑布，则属于低一级的名为“十三秘书（དྲུང་རབས་བཅུ་གསུམ）”的寺院管理者。他跟随益西坚赞学习经典，并通过他的教导成为一名宁玛派口传大学者（རྙིང་མ་བཀའ་མ）、冥想大师，就是他首先开启了卡瓦格博峰的转山传统。他在这一区域建立了众多宗教道场，其中之一就是位于卡瓦格博峰顶的闭关点，这个闭关点主要的人物觉沃南喀扎西（ཇོ་བོ་ནམ་མཁའ་བཀྲ་ཤིས）是他带来的。另外他还在绷波冈（སྤོ་འབོར་སྒང）、擦瓦岗（ཚ་བ་སྒང）、丽江（འཇང་ཡུལ）等地建造了一些宗教建筑。他有很多著作，其中评价最高和最重要的就是大瑜伽密宗。他一生致力于宗教活动并以高龄辞世，但具体日期不详。

另外一项传统也许更受大众重视，这要归功于第二世噶玛巴噶玛拔希（ཀརྨ་པཀྴི，1204—1283）和第三世噶玛巴饶迥多杰（ཀརྨ་རང་བྱུང་རྡོ་རྗེ，1284—1339）。第二世和第三世噶玛巴在外圈和内圈的转经路上都留下了各种印记，如脚印、手印和泉眼，几乎是在南喀曲吉嘉措白桑布开启转山之路的一个世纪之前就到过这里。那么，到底是这里曾经开启过两次转山之路，还是这两种传统暗示了噶举派和宁玛派对于这座神山的所有权之争？书面的资料来源于两世噶玛巴的朝圣指南（གནས་ཡིག་གམ་ལམ་ཡིག）。

据我所知，没有一篇指南被公开过。此外，另一件我们必须要弄清楚的事情是关于第二世或者第三世噶玛巴。事实上，噶玛拔希在自己的自传中常常自称为噶玛饶迥多杰，而在游记中，他没有给出任何相关信息，尽管他曾提到他在卡瓦格博地区待过。卡普斯坦（Kapstein）的著作中已经指出有一篇献给饶迥多杰（第三世噶玛巴）的赞颂诗实际上是噶玛拔希写的，而且他强调指出这两位人物所属时代的错误是近代才出现的，以往没有这个问题。

关于噶玛饶迥多杰，我知道在他的文集第五卷中有一份关于卡瓦格博赞颂诗，还有一份没有注明作者的煨桑词《圣地卡瓦格博煨桑词成就行雨》（གནས་མཆོག་ཁ་བ་དཀར་པོའི་བསང་ཡིག་དངོས་གྲུབ་ཆར་འབེབས）和《经卷游记》（གླིགས་བམ་གནས་ཡིག）最近已经出版。因此，想要确认噶玛拔希的游记和饶迥多杰所著的圣地地方志是否存在几乎是不可能的。非常引人注目的是，这一场朝圣就是朝圣者在朝圣期间的各种与死亡和死后有关的行为，这就指出了一个藏族人对藏地的各种景观的概念与朝圣和死亡后的关联。

藏族人有关于朝圣和死亡的传统观点

夏嘎巴（ཞབས་དཀར་པ，1781—1851）是一位19世纪的藏族瑜伽大师，从杂日神山回来之后用一首诗表达了他对此地的认识，里面将转山时遇到的种种困难与已故者在中阴遇到的各种险境相提并论了起来。

当我在杂日山谷朝圣的时候，
当我横渡那些危险的小径，
洛地的河流和桥梁，
让我确信，
和那中阴危险的道路一定相似。

这个描述也可以对应在卡瓦格博朝圣上。1994年11月，在博达哈（Bodhnath，尼泊尔地名）我认识了康珠，她是钦泽仁波切（མཁྱེན་བརྩེ་རིན་པོ་ཆེ）的明妃（གསང་ཡུམ）。她出生在康区，在1931年，她13岁，当时就用七天的时间转了一次卡瓦格博峰。她对那次转山仍然记忆犹新并充满敬畏，她的讲述也与夏嘎巴相似，她说道："那是一次非常危险的朝圣之旅，那儿只有光秃秃的峡谷，我们必须穿过很多陡峭的山壁，也要躲路上可能遇到的众多土匪强盗。另外只能用一根绳索过河，到处都是陡峭的悬崖，路非常窄而且总是在下雨。晚上睡觉的时候为了防止掉下悬崖我们不得不把自己绑在树上，森林里到处都有野兽。"即便不是所有的神山都像杂日和卡瓦格博那样难走，通常也不会太轻松。众多令人眩晕的小径，频繁的暴风雪，雷暴经常呼啸而过。那么究竟是什么原因驱使夏嘎巴将朝圣与介于生死之间的中阴如此清晰地联系在一起呢？

众所周知，当一个人濒临死亡，亲属们都会请来一位喇嘛念诵《中阴解脱经》（བར་དོ་ཐོས་གྲོལ）。根据藏传佛教观点，人死后灵魂在进入下一世前会在中阴地带游走49天。诵经的主要目的是为了引导灵魂通过中阴的净化程序直到其成为一个新的存在。密宗修行者和高僧们的目的是从轮回中解脱出来，但对一个普通人来讲实在难以达到。重生可以说是一场通往未知的艰难旅行，人们没有丝毫能力去控制进程，而这完全取决于个人的业力。每个人都知道穿过中阴是令人敬畏的，在此期间不仅无法意识到本性的显现，他还将面临恐怖的景象并要试着克服这些。在朝圣转山的时候也能体会到这样的感觉，就像康珠形容的那样。事实上，朝圣者对他们经历的描述与在关于中阴的文本中描述的介于生死之间的危险是极其相似的。同样，已故者对佛祖的祈求其实就是朝圣者所面对的艰险的自然环境。在此我将用两个例子来说明，一个是你将听到山岭崩塌、洪水泛滥、火灾蔓延和狂风呼啸的声音；另一个是想象成群的人追赶你时你不停挣扎的场面，穿走在暴风雪和黑暗的路上。这样就可以在灵魂穿越中阴之旅和朝圣者穿过艰险地势之间作一个对比。关于灵魂的"旅行"没有在那些非藏传佛教的宗教中指出。据敦煌文献记载，已故者必须到达一个“亡人世界（གཤིན་ཡུལ）”或“快乐与幸福之国（དགའ་སྐྱིད་ཡུལ）”，那是一个人们等待重生而短暂停留的地方。然而，去往那里的路却异常艰险，需经过崎岖的山脊、陡峭的山崖、飞湍的急流，而要想成功越过，已故者需要一只动物的陪同，因而一般要献祭一匹马、或一只羊或一头牦牛来引导他，就像喇嘛大声诵读《中阴解脱经》来引导已故者一样。这表明死者通过被引导而越过死后世界所有艰难险阻的观念已经存在了数个世纪。

据我对卡瓦格博朝圣者的观察，我认为他们利用山上的景观来扮演或重现经过中阴时可能遇到的困难，就像把书中写到的那些危险在现实生活中表现出来，并直面这些危险从而摆脱它一样。这有两种仪式可以进行，一个是为自己做的仪式，另一个是为别人做的仪式。

利己的行为

众所周知，关于业力的因果报应在佛教中是决定来生的主要因素。因此，一个人死后的命运是由这个人在上一世的道德行为来决定的，无论生者还是已故者罪孽的净化都是非常重要的仪式。《中阴解脱经》中强调了仪式礼节和诵经对于净化罪孽的重要性，朝圣者则通过转山这一实质性的行动将信念付诸实践。

《中阴解脱经》中所提到的艰难的小径在关于朝圣的文本中是通过一种特殊形式表现出来的，甚至卡瓦格博的众多朝圣路线上，朝圣者要爬过岩石之间或者之下被称为“中阴狭路（བར་དོ་འཕྲང་ལམ）”或“地狱之路（དམྱལ་ལམ）”的道路，这些名称本身就凸显了它们与死后生活的紧密联系。据说经历这些狭小的空间不仅可以净化朝圣者的罪孽，还可以帮助朝圣者克服对中阴的恐惧，确保他能够轻松通过死亡和重生之间的这种状态。那些由于罪孽和烦恼形成的重担是不能够被转移的，所以修行决定一个人是否能够被净化，直面磨难的概念在这里的表现是一种超自然的制裁。

卡瓦格博朝圣与其他神山有另一个共同点则是悬挂在树上的满载朝圣者罪孽的石头。事实上，死者被比作是承装此人前世的美德和罪孽并可以将其计数和称重的容器，而判断和结果的宣布是由阎王（གཤིན་རྗེ，梵文 Yama）来做，已故者的命运被比喻为用来称重的小石头。每一个朝圣者，甚至文盲都听过别人讲述或者从《中阴解脱经》中听到过阎王通过黑色和白色的鹅卵石来权衡已故者罪孽的故事。人们也知道会有两个与已故者同时出生并伴其一生的神灵鬼怪（ལྷན་ཅིག་སྐྱེས་པའི་ལྷ་འདྲེ）来帮助阎王，神灵（ལྷན་ཅིག་སྐྱེས་པའི་ལྷ）会用白色的鹅卵石来计数已故者的善业，鬼怪（ལྷན་ཅིག་སྐྱེས་པའི་འདྲེ）会用黑色的鹅卵石来计数已故者的恶业。一旦计数完毕，可以通过“命运之镜（ལས་ཀྱི་མེ་ལོང）”来查看已故者所有好与坏的行为，这完全不可能作弊，因此也毫无可能逃脱神灵的审判。正如所预料的，阎王的存在证实了卡瓦格博的朝圣是通过很多形式进行的，比如石头被认为是神的自生佛像（སྐུ་གདུང་རང་བྱོན），或被认为是神的手印和脚印来敬拜。

阎王和已故者之间的关系都记录在《中阴解脱经》中。首先，文本中与这一内容相关的叙述都记录在关于还阳（འདས་ལོག）的故事中，并在长时间的流传下，于16世纪成为既定的文学体裁。然而这些故事之所以能够广泛流传，要归功于那些云游者，他们向人们口头传授其故事。

众所周知，还阳就是普通的人死于疾病后游离在中阴，一般他们的指引者是本尊，这一点和敦煌文献中所描述的已故者被一种动物所指引的记载是非常相似的，或已故者的灵魂或意识被喇嘛高声念诵的经文所指引相类似。考虑到《中阴解脱经》中保留着大量西藏本土文化元素和还阳的故事所带来的显著影响，这种相似性并不十分令人惊讶。

一旦进入地狱，还阳者会遇到认识的已故者来告知自己的罪孽，并要求他转告亲属为他祈福。还阳者还会遇到阎王，阎王会向众生通过还阳者来提出警诫，要众生向善。回到世间后，还阳者的死亡经历会使得他的讲述非常具有教育性。现在让我们回到在卡瓦格博转山的朝圣者们的身上。我们可以说死后灵魂的经历都映射到了朝圣过程中的自然景观上。朝圣者并不是在祈愿轻松地度过中阴，而是在具体形象地制定他的灵魂在死后所必经的过程。通过这些“训练”，朝圣者希望自己的灵魂能够更好地适应未来的苦难，通过付诸实践以期望他的灵魂能够克服这些预想的艰苦。这些仪式是建立在“如果我的肉身能做到，那么我的灵魂也一样可以”的假设上，也可以理解为灵魂能够做到和肉身一样的事情。通过克服这些具体的、真实存在的考验，朝圣者们也克服了对他的灵魂所必须经历的这场精神考验的恐惧。转山成功就意味着人在死后会更轻松一些。他们所经历的就是对灵魂必经之旅的一场预演，这样的希望也能使他们尽可能克服度过中阴的恐惧。

然而，朝圣并不只是为了朝圣者的个人利益，他也通过完成很多仪式造福他人。

利他的行为

根据我对朝圣者的观察，亲属的善行能够帮助意外故去的人的这种想法十分普遍。

垭口在藏族文化中代表了一股吉祥和神圣的力量，这一点在卡瓦格博的各个山口都可以被证实。转山路上最有名的垭口是多盖拉（རྡོ་སྐས་ལ），意为石梯，它虽不是最高的山口，但它是最令人生畏的。朝圣者们在穿过它之前会彻夜祈祷诵经。一位名为巴考（Bacot）的朝圣者甚至为了避开与当时地方政府的正面对抗，曾在1907年逆时针方向朝圣，他对这个垭口作了一个令人恐惧的描述："就像一座陡峭和令人眩晕的高墙，高达300—400米，无论天气好坏都十分凶险。夏天有落石，在下雪的春冬季节，成群前来的朝圣者把自己像登山者一样用一根绳子绑在一起。但是如果其中一个人失足，其他人也会一起被拖入深渊，平和地接受这场命运安排的善缘死亡。"

在垭口最高处，道路两旁都挂满了经幡。在右边，朝圣者挂风马（རླུང་རྟ）经幡来为这一世增加好运；在左边竖起一个大的竹子，在上面挂着写有六字真言和已故者名字的经幡。这些白色的旗帜叫嘛呢托泽（མ་ཎི་མཐོ་རྗེ），多盖拉就是一处挂经幡的地方，两处的经幡也标志了生者和死者之间的一种界限分明。

在其他类似托拉（མཐོ་ལ）和洛沃塞拉（སྒོ་འོད་གསལ་ལ）的垭口，朝圣者将衣物挂在树上作为供给死去的亲属、朋友或者任何可能在中阴或者地狱需要衣物的众生。对朝圣者来讲，中阴和地狱之间的界限十分模糊，二者对于石间窄径的命名也十分相近，叫"中阴窄道（བར་དོ་འཕྲང་ལམ）"和"地狱之路（དམྱལ་ལམ）"。这两种概念的混合是可以解释的，就像奎瓦斯（Cuevas）写到的那样，都是"死者在去往来世的同时遭受死前业果的地方。这两个术语本质上是指同样的场景"。

洛沃塞拉山口也有嘛呢托泽，但是它最有特点的还是大堆的糌粑，还有摆放的几百只装满了糌粑、酥油和水果的碗，这些碗在2003年是满的，但是2004年因为朝圣者变少所以几乎是空的了。所有的朝圣者都将自己的食物和碗分享给死者，使他们在度过中阴和地狱时能够收到所需要的食物。碗的数目使巴考（Bacot）和金敦·沃德（Kingdon

Ward）十分惊讶，后者写到碗都是空的。然而，他是在 1911 年 6 月份去的转山，那一年是辛亥年，而且不是一个非常适合转山的月份。

在转山期间，朝圣者不止为已故者提供衣食，还在垭口一边念诵六字真言一边挂上嘛呢经幡，只为帮助已故者得到解脱。在这里由于时间关系不特意解释这段经文的重要性，敦煌文献 P. T. 239 中已经有足够的内容提到了这一点。众所周知，关于六字真言最为普遍的解释之一就是每一个音节都代表了六道轮回中的一道。

在一个靠近拉康拉寺（ལྷ་ཁང་ར）的圣地，有一块大石头，石头上有很多小洞且里面满是白色粉末，它被称作“དམྱལ་རྔ（地狱之鼓）”。所有的朝圣者都会在此停留，他们用石头轻敲那些洞，同时念诵六字真言，希望他们的故去的亲属和一切众生都能听到这些观世音经文而得到解脱。关于还阳（འདས་ལོག）的故事里最重要的一个特征就是对观世音菩萨的崇拜和六字真言利己利人的作用。朝圣者进行的仪式如地狱之鼓和六字真言经幡等表明他们非常相信经文的力量。

嘛呢经幡同时也在一些被称为“向神灵祈愿的经幡（དར་ལྕོག）”的叙事文体中扮演着一个非常重要的角色，最开始是献给一位 18 世纪的还阳者强曲森格（བྱང་ཆུབ་སེང་གེ）。这些为已故者祈祷而放在墓地的经幡据说是为了消除已故者的罪孽并帮助他度过中阴或地狱，这个解释是我在卡瓦格博遇到的挂经幡的朝圣者们告诉我的，这也说明这些故事流传甚广。我们已经明白对于那些朝圣者来说去卡瓦格博转山有多重要。然而，对于那些没有时间、生病不能前往，或者已经去世的人来说还有另一种可能，就是找一个代替者，在当地方言中称作“擦布”（ཚབ）或者“果朵”（ཀོ་དོག），指愿意将自己通过转山得到的福报转给“买家”的人。有些西方的文本中提到过类似的代替者。

我是通过这些朝圣者的叙述了解到代替者的存在，之前我在杂日、冈底斯山和阿尼玛卿山转山多次都从没遇到过这种现象。然而这种传统仍然存在，就像卡尔梅·桑丹坚赞在1992年告诉我的那样，他曾在1987年在工布苯日转山的时候，遇见了两位年轻的女士提出要收费替他转两次山，他给了20块钱。

我本人在卡瓦格博也遇到了这样的情况，有一天一对来自拉萨的夫妻到茶馆，男士只能转一圈但想得到三圈的福报，而他的妻子希望得到五圈的福报。于是，他们每一圈付了550元，外加鞋子、食物，很容易就找到了一个村民代替他们转山。另一个代替者当时在为他们村里的一对老夫妇转两次山，他们为每一圈付了300元。

我没有碰到任何为已故者转山的代替者，但是我听说这也是有可能发生的。这种传统在尼泊尔的多波地区也存在，在那里有专门通过替人转山挣钱的人，但是社会地位很低，跟乞丐差不多。

有些不同的是在杂日的朝圣者会得到一半的福报，而我在卡瓦格博遇到的代替者则声称所有的福报都会转移给付钱的人。此外，在替他人转完山后，他必须每转一圈就带回一根竹子给“买家”。竹子是卡瓦格博朝圣的一个重要元素。这些竹子是在一片叫作蜜雨（སྦྲང་ཆར）的林地里砍到的。登德多杰（བདུད་འདུལ་རྡོ་རྗེ，1615—1672）是一位来自德格（སྡེ་དགེ）的著名伏藏师，曾和龙赛宁波（ཀློང་གསལ་སྙིང་པོ，1625—1692）于1656年在噶陀地区建立了一座新的寺院。据他所说，竹子是空行母的魂树（བླ་ཤིང），是转山时非常有神力的物品，这个说法至今还在流传，而且所有的朝圣者都知道怎样砍来竹子。竹子在当地的方言中被称为“ཀ་ཏོ”，每一支上的结数必须是奇数，一般是5个、7个或者9个，至于奇数的原因在之前的内容中已经提过。它的功能不仅仅是朝圣者在险峻山路上的拐杖，更重要的是它还将一路上收集到的圣水和圣土带回来的容器，每一支都承载了神山的神力。每个朝圣者都将竹子带回家，并且也会带回去一些送给亲戚和朋友。

在迪庆和擦瓦绒，竹杖被带回来后会竖在起居室的主柱周围，有时由于竹子太多而看不到柱子本身。在朝圣路边坐落着一个叫阿班（ཨ་བན）的村庄，我在那里看到了这种现象，村民们对这些竹子顶礼膜拜，很是重视，若有地里的玉米长势不好，人们则会将它放在田里，或者如果因暴雨造成山体滑坡，这些竹子则会被栽在灾难可能发生的地方。比如在杂日，竹子都是从一个特定的地方砍来的，但是我在卡瓦格博从未听说过竹子像在杂日那样作为“护身结”（སྲུང་མདུད）或者做成用于治病的手镯等的情况。

人们感受到的恐惧不仅仅来自中阴和地狱，还有死亡本身。放眼整个藏地，房屋的门通常都很低，这是为了防止起尸（རོ་ལངས），即“一种被恶灵驱使的僵尸”进门，因为他们弯不了腰。另外，几乎所有门上都画着黑色的圆圈防止死者还阳。还有一种情况是关于卡瓦格博朝圣不得不提到的，就在到达两个最高的山口多盖拉和秀拉之前，路上随处可见竖放的三块石头，它上面放一块像屋顶一样的石堆。这些被称作“房屋（ཁང་པ）”，里头放着烟、酒、钱和粮食等。大卫·妮尔（A. David-Neel）在 1923 年 10 月份经过这条路，试图找到一条人迹罕至的通往拉萨的小路，并将这些视为包含很多献给神灵的小祭品的圣坛，而巴考将此形容为展示贡品的佛龛。

我曾问过一位朝圣者这些小“房子”的含义，他说：“这是那些希望转世到这一带生活的藏族人做的，因为这一带气候和风景都很好，适合多种水果蔬菜生长，很多动物都生活在这里。”这个解释令人不禁联想到神秘之地（སྦས་ཡུལ），意为“藏起来的地方”，据说是被莲花生大师封印起来为了能让伏藏师在某个特定时段里根据预言在这里找到伏藏。但是一位本地的学者否定了这个解释并给出了另一种说法，其实与之前的解释十分相像，但是掺杂了佛教的观点，它认为朝圣者们之所以建这些“房子”是为了转世到上乐（བདེ་མཆོག）圣界。尽管如此，一些其他的朝圣者则更为实际，向我解释说他们之所以建这些房子是为了能在下辈子拥有房屋，这个解释更能说得通。有人见到过有些房子用树枝砍出一小节作为楼梯搭出了两层甚至三层，因此，这证明对朝圣者来说纯粹的宗教利益并不总是最重要的。我之所以能明白这些小房子所代表的含义，都要感谢贡塞巴姆（ཀུན་གསལ་དཔལ་མོ）的名为《现代拉萨藏族丧葬传统》的硕士学位论文，该论文第96页的第13张照片是一张小“房子”的照片，说明文字中写道：“失去亲人的人们为已故者的灵魂建立了这些小‘房子’，这被认为是游魂到达停留的地方。”在卡瓦格博，搭建这些小“房子”的传统流传了下来，但是可能已经偏离了它原有的意义。

结　论

大多数朝圣者在卡瓦格博转山期间进行的仪式都与死后和死亡本身有关。藏族人将自己的来世换位认识为真实存在的现实世界，类似《中阴解脱经》和还阳故事这些有很多精准的细节，都可以很容易地在周边环境中找到相似的自然景象，比如神山周围，而中阴在藏族人的理念中就是建立在此类经文和故事之上的。这些藏族人的信仰与佛教传入之前的本土宗教存在的概念都有联系，这些信仰流传了下来，并在佛教的影响下融入了那些讲述佛教世界观形成的文本。因此，我们可以说，就像中阴的相关文本重新塑造了一个灵魂之旅一样，朝圣者转卡瓦格博峰或其他神山就代表了生理上的中阴体验，途中的很多特征都可以看作是中阴的视觉隐喻。因而，如果我们把这些岩石间的狭窄小道只是当作小道，那么这些就如儿童的游乐场。如果藏族人认为这是“中阴小径（བར་དོ་འཕྲང་ལམ），死亡与重生之间的狭窄小径”或者“地狱之路（དམྱལ་ལམ）”，那么这些名字就有了特殊的意义并且会引导人们的行为。这是因为他们的灵魂比他们的身体更可以实质性地察觉已经死亡的事实，而正是出于同样的原因，藏族人关于死后的概念是通过神山周围的自然景观特征而形成的。这个概念系统允许藏族人通过朝圣来体验未来他们的灵魂要经过的中阴，使他们能够安抚自己的恐惧来越过这个困难、危险，即不可避免的死亡与重生之间的中阴状态。

但是我们仍然还要提出疑问，为什么在卡瓦格博的转山路上有如此多的特征与中阴和地狱联系到了一起呢？我明白这个研究是经历一段很长时间所有宗教行为都被禁止的时期后开始进行的，但是这种情况仍然存在于整个藏地。难道是因为卡瓦格博的自然景观尤其适合这样一种换位代入吗？或者是因为还阳的故事总是会提到一条波涛汹涌的河作为生者的世界和中阴或地狱界限的桥的存在吗？在卡瓦格博，所有的朝圣者都要经过兰泽桥渡过奔流的湄公河。它通过某种方式区分了众生所在的俗世和神山之类的圣地，比如中阴，朝圣者们就像他们死去的亲人在重新转世之前所做的那样尽力净化自己的罪孽。

关于有很多将死亡与卡瓦格博联系在一起的问题我想作一个能够进行进一步研究的假设。卡瓦格博朝圣据说是始自卡瓦格博南喀曲吉嘉措，他曾在15世纪康区的噶陀寺学习。这个寺院就像奎瓦斯的研究表明的一样，为传播“《噶岭希朝》(གར་གླིང་ཞི་ཁྲོ)”在整个藏地扮演了一个非常突出的角色，而《中阴解脱经》属于《噶岭希朝》（གར་གླིང་ཞི་ཁྲོ）的一个部分。除此之外，噶陀寺的僧人们经常去卡瓦格博朝圣，因为这座山被康巴人认为是最神圣的神山。尽管这样的想法很难说明缘由，用文本作者所使用的写作方式将佛教传入前的状况佛教化，或者僧人们通过表演一种神圣的羌姆法舞来教导俗人和学僧，或从卡瓦格博的例子来看，噶陀寺的僧人们也许参与了自然景观中关于中阴的解释，来鼓励朝圣者们将这些实质存在的特征视为死后经历的投射吗？

我的演讲结束。扎西德勒！

主持人：还有一点时间，各位有问题的可以提问。

问答环节

问：教授，您好！我非常高兴在这里了解到了很多有关卡瓦格博的情况。我本人来自离卡瓦格博很近的一个村子。我在 2003 年和去年转过两次山，我的奶奶是一位虔诚的佛教徒，她曾经跟我讲过许多有关卡瓦格博的故事。我的问题是您为什么研究这座神山呢？

答：你的问题是我研究卡瓦格博神山的原因。我有几个方面的原因，其中包括学术方面的理由。但是，我想说，我个人很喜欢山，在深山中我会感到愉悦。如果你对藏族文化和传统感兴趣，有关神山的研究是我们试图去理解人死后去往哪里的一个非常好的例子。1970 年，有一位法国的人类学家去了尼泊尔，他对我说，神山朝圣是给亡灵的一种重要的祭祀。这些话，到现在我还记得很清楚。这是我为什么研究神山的原因。

问：您是如何把卡瓦格博与中阴相互联系起来的？

答：就个人而言，我认为朝圣本身把两者实质性地联系起来了。当人的灵魂进入中阴阶段的时候，意识就会在中阴中游历。我不敢断言我的这一想法是正确的，但这是我个人对朝圣的看法。中阴是一个让整个过程舒缓下来的阶段，让事情变得简单。据我们所知，藏族人认为中阴是一段恐怖的阶段，因此，通过外在的朝圣使这个过程变得顺畅，同时让处于中阴的灵魂也受作用。作为一名人类学家，我们的工作就是尝试去理解每一个文化中不同行为的意义。你们朝圣是因为它属于你们的文化，而我作为一名法国人，讲藏语是比较困难的，因为藏语是你们的传统，不是我的。对你们来讲，可能会显得很普遍，但这是我作为一名外国人对神山朝圣的理解。

问：根据您的讲座，2003 年去卡瓦格博朝圣的尼姑比僧人要多。您可以解释一下为什么会有这一现象以及您对这个问题的看法吗？

答：这个问题有点难。我刚才提到过，我们是从早上 6 点到晚上 8 点之间统计人数。所以，我们可能会漏掉一批人，但应该不会遗漏很多，因为晚上转山的人并不多。但究竟为什么尼姑比僧人多，这个问题我真的无法回答。我从 1990 年开始研究朝圣，到目前为止已有 20 多年，但有一点是我确实跟尼姑交流得更多。如果我们统计总数，朝圣的僧人也有可能会多于尼姑。希望这个问题以后能得到解答。

主持人：由于时间关系，今晚的讲座就到此为止。今天卡提亚教授给我们作了一场精彩的讲座，也跟我们介绍了一种新的研究思路。最后感谢卡提亚教授的讲座，感谢博士生德倩旺姆的现场翻译。

热振圣境及噶当派的创立

主 讲 人：乌瑞克·洛斯勒（Ulrike Roesler） 副教授

主 持 人：扎巴 副院长

讲座语言：英语

翻　　译：华桑诺吾 硕士研究生

时　　间：2014 年 11 月 5 日 19：00—21：00

地　　点：文华楼西区二层学术报告厅

主持人：今天晚上的讲座现在开始。我们这次有幸请到了英国牛津大学西藏与喜马拉雅研究中心的副教授乌瑞克·洛斯勒女士。她将在今明两天给我们进行两场讲座。今天给我们讲座的题目是《热振圣境及噶当派的创立》。下面我们热烈欢迎乌瑞克·洛斯勒女士进行讲座。

主讲人：首先非常感谢扎巴老师的介绍，来到中央民族大学我感到非常荣幸，之前来过几次北京，但这是第一次在中央民族大学进行讲座。这次有两场讲座，一场是今天这场，另一场在明天。这两场讲座的题目看上去有点区别，但当听到后边时，你们会发现这两场讲座的内容实质上是相连的，因为它们都发生于同样的时间和地点，而且都跟当时西藏寺院的形成有着很大的关系。

今晚讲座的题目是《热振圣境及噶当派的创立》。热振寺是藏传佛教噶当派的祖寺，因此，它在教派发展史上有着非常重要的地位。噶当派（བཀའ་གདམས་པ）一词中，“噶当巴”的意思是继承了“噶”（བཀའ）的人，这个“噶”就是指释迦牟尼佛所说过的话。噶当派后来被重新定义为新噶当派，也就是我们现在所指的格鲁派。

热振寺是于公元1056—1057年由仲敦巴建立的，他是阿底峡尊者的主要弟子。这次讲座将分析一些关于热振寺创立的相关历史以及如何把热振河谷作为一个充满吉祥符号的神圣景象。

热振寺的创立是藏传佛教的教派中通过建立寺院而诞生教派的第一案例，这也就说明了这个地方所拥有的巨大意义。其他藏传佛教教派也遵循了这样一种模式，修建主寺。例如，公元1073年，也就是热振寺建成20年之后修建的萨迦寺，后来成为萨迦派的祖寺。在这个意义上，热振寺的创立提供了不同教派基于主要寺院而建立教派的案例，因此，热振寺的创立可以看作是整个藏传佛教制度建设发展史上的重要一步。那么，藏族人对热振这一圣景的描述也就必须在这种情况下去加以理解。

在我们对热振的情况有一个仔细的了解之前，我们先要回顾一下西藏与喜马拉雅周边的文化中对圣地所持的态度。喜马拉雅的自然景观中有着丰富的圣地传统以及很多高山和湖泊。西藏的圣地观念通常和山神崇拜，即域拉（ཡུལ་ལྷ）相关，它是一个集中了“圣神力量的地域”，也和当地的朝圣有关系。

对那样一种地方的研究，可以从两个方面来说。一方面，山神崇拜以当地山神和居住于其领地的部族之间所拥有的这种关系为主。举行仪式来祭祀这些山神，并且有朝圣者前来朝圣。这种山神崇拜的目的主要为了现世的、此生的利益。比如，个人的幸福以及群体的福报。所以，这种信仰不是生来就和藏传佛教有关，它可以被认定是石泰安（Rolf Stein）非常巧妙地称之为的西藏的“无名宗教”。传统的宗教信仰和仪式不仅是一种古老的遗产，也是藏族文化的重要组成部分，它不属于一个特定的佛教或苯教。

另一方面，它也是兼具佛教或苯教传统的神山。因为，很多山神同时也是以上两种宗教的神山。这些地方被称为尼日（གནས་རི），也就是圣山，这些圣山被佛教或苯教的神灵所占据着。通常，这些圣山能吸引来自一个较大区域里的朝圣者，这些朝圣者除了现实利益外，还有终极精神追求。比如，净化他们的罪孽，或以在证悟的道路上有所进步为目的。随着佛教的传播，一些地方的山神已被重新定义，一些本地山神被佛教神所取代，或者山神被感化成佛教徒，变成了佛教教义的保护者即护法神（ཆོས་སྐྱོང）。一般来说此类感化通常是在一些有能力驯服这些神灵，使其发誓去保护佛法的密宗大师的干预下形成的。

这些被认定的圣地，似乎意味着两种重要东西之间的一种分歧。首先，这些有形的、可见的景观和一些超出常人感知范围的神圣东西之间的区别。然而，我们不能以此来理解“神圣”与“世俗”的区分，因为在藏族人的观念里这两者不存在清晰的界限。相反，藏族朝圣的这种观念能使我们对同一个神圣的地方进行多层次多方面的分析。这些不同层次的描述并不互相排斥，而是相互补充增加其意义，强化圣地的力量。它们以不同层次的、有形的或无形的图案展现出来，一种类似于坛城的结构投射在这些圣地上并经常重叠。这些朝圣者感知的圣地特征不仅仅依于这个地方本身，而且是依于朝圣者自身的一种能力和智慧，是跟朝圣者自身能看见圣地图像的一种能力，以及他们是否能够清晰地去解读这一地方特征的能力有关。因此，这些圣境和圣地通常是由那些有能力找到并认定这些圣地的瑜伽师和大成就者发现并认定的。

这种情况基于这样一个前提，即首先要有一个朝圣的地方，而且通常是神山。但是，热振寺的情况却不一样。热振河谷被认定是一个富有力量的圣地，但是在此地建造的热振寺是通过人为的建筑几何结构去表现其特殊卓越性的。我们现在将重新回到寺院及寺院修建的话题上，看看它是如何被描述成一个充满吉祥符号圣境的。

热振寺在拉萨东北方向 120 公里处。我们不太清楚这个地方在藏传佛教前弘期的作用，或者说在热振寺建立之前这个地方的作用。然而，从仲敦巴决定在这里修建寺院开始，这个地方的重要性获得了肯定。这是一件发生在公元 1056 年的事情，即佛教开始传播并立足于西藏的时期，也是藏传佛教四大教派出现的时期。此次建寺开创了藏传佛教通过修建寺院而创立教派传承的先例。这也解释了该地方在噶当派传统中所拥有的巨大意义。

现在我们来看一下圣地热振的外部地理特征。热振寺在噶当派的文献中很受重视。最早广泛记述热振圣境的作品是《传记广本》（རྣམ་ཐར་རྒྱས་པ），此书编于公元 12 世纪，是一部关于印度大师阿底峡的传记，该书以阿底峡的主要弟子纳措洛杂瓦（ནག་ཚོ་ལོ་ཙྭ་བ）的口述为基础写成。在阿底峡尊者圆寂后，他的弟子们不再被允许留在拉萨附近的聂塘寺。所以，仲敦巴接受他的一位施主的邀请去热振河谷修建寺院。这一传记记述了仲敦巴如何去考察这个地方是否适合建造寺院的有关情况。这一段相当简短并且以双关语词贡巴（དགོན་པ）这个词来说明，这个词后来变成我们通常指的寺院，但这个词汇最早是指隐秘的、孤寂的地方，或者意为荒地。

下面是引自《传记广本》中的一段文字：格西敦巴望看热振谷地后方有一座形似金刚的山，正面是一片犹如弯曲雍仲的湖泊，左右两侧又有形似君臣七宝的山，布满岩石的平地像一个有着八个条辐的法轮，山上的柏树有山羊或绵羊的大小，其中两棵有黄金和绿松石的叶子，它们很适用于来做房子的横梁和柱子，这里还有 108 处泉眼，有各种各样的鸟鸣声。有两个“非人”（མི་མ་ཡིན），分别指明善恶。当晚他在山洞过夜并做了这样一个梦，他梦见有两根柱子顶端有一座黄金佛塔在向外散发着光芒，光芒的尖端露出了金顶，它闪闪发光，照亮了整个西藏。热振的柏树林里的一整座寺院变成了一堆珍贵的宝物，香噶（ཤིང་དཀར）变成了酥油。

这段文字虽简要，但包含了最初的热振吉祥圣景的描述。仲敦巴在这里被描写成一个有特殊远见能力的人，一个能够认识到景观吉祥特点的人，而具备这种能力的通常都是一些证得了圆满，证得了幻化法术的那些瑜伽师和大成就者。

接下来的文本大概写于一百年以后，它是引自仲敦巴传记的一小段。这本书的作者是热振寺的第七任住持钦南喀扎巴（མཆིམས་ནམ་མཁའ་གྲགས་པ），他积极参与了噶当派早期传统文献的收集和编辑工作。我所引用的则是他所写的仲敦巴传记。这本传记一共包括 36 章，是当时收集的十一位噶当派传承上师的传记之一。

这部传记里有一段文字，它与我们之前引用的那段文本的说法相类似，但这里的篇幅更长、描述更复杂。因此它是对景观风水特征作出较好解释的一部文献。我引用的内容如下：

格西仲敦巴看到热振是块充满寓意的良好环境。高山和谷地都易于观察：雄伟高大的后山山顶闪闪发光，如同一条国王戴着的头巾。他的随从遍布四面八方，东北方为一座如同猛虎的山，像是一个将要奔赴沙场的国王；东南方为一座圆形的山，像是一个家财万贯的财主；南方的这座山，像一个戴着饰品的皇后盘腿而坐；西南方有座黄金草甸的山，像是一头大象在伸展它的象鼻；西面的这块谷地像是一堆宝石；西北部的这座山形似一个马鞍；北方的巨石像一颗钻石；前方的帕温塘像是一个有八个辐条的法轮；前面的湖如同一个雍仲，大小如同山羊和绵羊的金叶柏和翠叶柏犹如天地之间的两根柱子。这里还有 108 处泉眼。因为整个山谷从东到西拓宽，有六道山谷，所以这个地方看起来就像八瓣莲花，而天空就像有着八个辐条的法轮。四方土地神在这里：东方有一只白虎，洞穴的岩石状如老虎跃向天空；南方有一条青龙，像是从金黄的溪流上向下跃动；西方有只红鸟，恰似展开翅膀准备扑向平原；北方有一只黑色乌龟，像一只背对着太阳的乌龟。这片柏树林充满了吉兆，刚开始时，只有黄金和绿松石的柏树。但是，后来在仲敦巴剪去自己头发的地方长出一丛柏树，再后来就长成了现在繁密的柏树林，包围着那两棵金贵的柏树，犹如孔雀屏扇。柏树林是仲敦巴剪了头发后长成的，所以后来流传着去砍伐柏树，就去剪发的说法，由此表达对柏树的重视。此地鸟类鸣叫，人与动物和谐相处在这片安详的土地上。

传记里紧接着进一步描述了山谷的吉祥特征。仲敦巴很满意这个地方并且做了一个具有吉祥预兆的梦，如前文《传记广本》中所引的一样。所以，仲敦巴认定这个地方就是他要找的寺址并开始准备修建寺院的工作。

以上这段引文结合了藏族、印度以及汉族对圣地概念的理解，即藏族的天地之柱，汉族四方土地神，以及印度佛教的宇宙观等。比如在这个文本里，用佛教宇宙学结合完美王国的一种观念描述了作为圣地的热振河谷的构造。这个文本中还包含着地图的描述，中间是寺院，它被七座山所包围。虽然文本中没有明显指出，但是这个说法里暗含着一座坛城的结构。环绕寺院的这些东西都是来自印度的传统，它们跟宗教和修行无关，而跟王权相关。根据印度的传统，所谓转轮王（འཁོར་ལོས་བསྒྱུར་བའི་རྒྱལ་པོ）有这样一种特征，他是宇宙之王，他出现在一定时期的世界体系之中，在世间建立法的规则。对于“ཏྲཚ”要从政教两方面去加以理解。转轮王，他具有七种属性：轮子象征着他的统治，还有大臣、宝物、王后、大象、马和如意宝。这个观念与《俱舍论》当中佛教宇宙学的概念相同。宇宙的中心有一座山，它被称为须弥山，周围被陆地所环绕。为了匹配这样的一个宇宙模型，之前说的七个王的象征属性已经扩大到了八种，他们位于须弥山的四面八方。这种观点和图案虽也投射到了热振寺的建造中，但它为了适应热振地方的地形而加以调整。因此，我认为我们刚刚引用的这个文本的作者曾试图使宇宙形态的这种方案变成一种可见的模式，甚至他根据线形来确定这个方案的精确的中心。整个热振河谷只有一个点，即在主庙前的露台上。站在那里不仅可以看到全景中的八种象征特点，而且可以清楚地感觉到自己站在一个几何结构的中心，这是一个自然天成的坛城。那么，为了充分了解这种象征意义，我们必须先看一下两个相关概念，即坛城（曼荼罗）和宇宙之王。

“坛城”这个词的字面意思是“圆圈”。在佛教密宗当中，它指代观想本尊宫殿的一个图案。这种表达方式，也使用了印度传统的治国之道。首先，认定一个国王的存在以及认定一个以国王为中心的权力圈。另外一个印度的观念是转轮王的这个观念，他是宇宙之王。根据印度佛教的传统，他是一个法王，他拥有以上七种属性并统治着全宇宙，使他的法得以和平地传播到其他地方，他从世界的东方开始以顺时针方向移动。在他看来，人们愉快地服从于他的权力。在政治上，他已经扩张了自己的领地。在宗教上，他已经在地球上传播了自己的法。也就是说，热振寺的相关文献表明，仲敦巴已在世界上创立了法。

热振寺坐落在热振地方的最中央，也就是坛城的权力和力量集中的地方。建寺者仲敦巴，他的全名是仲敦巴·嘉瓦迥乃（འབྲོམ་སྟོན་པ་རྒྱལ་བའི་འབྱུང་གནས），其中“嘉瓦”（རྒྱལ་བ）一词，意为征服者。他也被引喻为达玛然杂（དྷརྨ་རཱ་ཛ），也就是藏文文献中的法王（ཆོས་རྒྱལ）。在《师弟问道录》等文献里描述仲敦巴前世的时候，他被描绘成一位国王。

乍一看，噶当派用王权符号来规划一座寺院似乎有点自相矛盾。如果我们所选文献的来源可靠的话，就表明噶当派从来没有试着去获得任何政治权力。这一点，它明显和后来的萨迦派、噶举派以及格鲁派等教派是不一样的。当我们考虑在热振的坛城中心发现了什么的时候，也许早期噶当派的这种特征就会越来越清晰。我们在热振的坛城中心发现了一座神庙，表明这里佛教占据着主导地位，而非世俗规则，而这恰恰是噶当派在这一时期所追求的。在公元 11、12 世纪的时候，我们能发现噶当派的这个传承作为一个很小的力量是从一个具体的地区开始。我们在文献里发现仲敦巴时期，热振大约有六十多个瑜伽师，那样看来这里不像一个很大或很有影响力的中心。但仅仅在两代人之后，附近就出现了彭波寺（འཕན་པོ）等几座大的寺院，并且有些上师的弟子数量已达上千人。像转轮王征服世界一样，噶当派开始通过快速扩大的势力以包括象征性和实际的行动征服了周边的领土。

热振地区的这种风水解析表明其地方的一种意义，也就是说，地形像文本一样是可以被阅读、被读取的，但是只有那些知道如何去“读”这些景观特征的人才会读懂它。这些人就是有成就的密宗大师或瑜伽师。比如，像仲敦巴这样的人就不需要别人告诉他怎么去理解这些景观特征，他自己能发现并理解这个景观中所蕴含的一些信息。但是普通的游客或朝圣者，或像我们这些一般人，就必须得有人告诉怎样去理解这个地方所表达的意思。

现在来介绍一下最后一部分，这部分跟之前对热振的描述不太一样。我们在《师弟问道录》里选取一段文字发现，它通过改变真实的、可以看见的景观描写，上升到了一个更加特殊层次的描写，其表述方式较之前更前进了一步。在这个独立的部分中写道：“仲敦巴从他的印度老师阿底峡那里得到了一段预言。在这一预言中，热振地区被视为观世音菩萨的水晶宫，而这一点普通人是感知不到的。”

这部文献首先对热振这个地方进行了一般性描述，将其刻画为一个很理想的地方。事实上，这段描写是很普通的，它可以很容易地应用到其他许多地方，比如它有八瓣莲花和八个辐条，以及有芬芳的树木、泉水、植物、飞禽之类的特征。同样，像之前文本中提到的宇宙地理概念在这里也被复述。但在后面，关于景色的描写就突然变成描写一座巨大规模的神圣宫殿的景象，而这就是观世音菩萨的水晶宫。在这个画面中，热振地区原本有的21000棵柏树被描写成了21000株莲花，它们将这个宫殿围绕起来。另外，东方有一个白色的水晶物件，南方有一个黄色的黄金物件，西方有一个红色的铜物件，北方有一个蓝色的绿松石物件，这个方案也可以用于莲花，神奇的泉水，以及其他类似于纯粹境界的东西。这种几何布局又成为自然坛城的一种象征，这个坛城的中心是两朵莲花，一朵是黄金的，一朵是绿松石的，一朵是波若波罗蜜多，另一朵是佛陀释迦牟尼。

这个文本以一切事物只能被天神所见这样一句话结束。在人类当中，根器纯净的这些人可以看出我们所感知的这个真实的景观，如河流、柏树林以及山上的寺院。但是，一个根器不纯净的人是看不到这些东西的。

如今，热振寺正在进行大规模的复兴，寺院不仅得到了扩建，当地的学者也积极地参与到恢复噶当派传承的活动之中。而且，当地的僧人都知道关于热振圣境的这些文本内容。同时，一些流传的故事也跟这个圣境有关，特别是很多故事记述了热振地区的这些柏树是如何在危难时刻保护这座寺院的，等等。这些故事表明，这片土地的神奇力量在几个世纪后的今天依然存在。

我的讲座就此结束。谢谢大家！

主持人：现在还有一点时间，大家如果有什么问题，可以提出来跟老师交流。

问答环节

问：您能简述下仲敦巴·嘉瓦迥乃在藏传佛教发展史上所起的作用吗？

答：仲敦巴和阿底峡同时被认为是噶当派的一代祖师，但阿底峡和仲敦巴的戒律传承是不一样的。仲敦巴本人并不是一位僧人，而是一位居士，但他是噶当派身份的一种象征，包括在《师弟问道录》里他一直被视为是噶当派的中心，而且，他还被认为是观世音的三大化身之一。

问：噶当派一直以来没有寻求过任何政治力量吗？

答：我的主要研究方向是噶当派早期的历史。所以，根据这个时期的文本记载，噶当派早期是没有去寻求政治力量的。

问：根敦群培提出，藏传佛教后弘期西藏的很多寺院建在了较为平缓的地区，这应该是仿照了印度的建寺模式，因为印度没有很多山，比如印度的那烂陀寺就是这样修建的。那么，老师您所讲到的关于热振寺的选址和根敦群培的观点之间会有什么联系吗？

答：我也一直在寻找西藏中部地区，像彭波（འཕན་པོ）这些地方早期的噶当派寺院，在博多哇（པོ་ཏོ་བ）时期，他们选择将寺院建在较为偏僻的村庄附近。大概在夏日瓦（ཤ་ར་བ）那一代，寺院开始建在人稍微多一些的村庄里，这是噶当派早期的情况。早前，他们依照瑜伽师的行为去选择一处较为僻静的地方，后来逐渐去寻求拥有更多信众的地方，刚好这个时期也是噶当派的文献大量出现的时候。以上是我的个人观点，但我不是很清楚这与根敦群培的观点是否有关联。

问：刚刚讲到热振寺它是以一个宇宙世界观的形态来建造的，同样桑耶寺也是以这样一种形式来修建的，那么两者之间有什么关系吗？

答：根据我们刚刚看到的文本，它里面并没有提及两者之间有任何关系，所以我觉得两者之间没有直接的关系。但是，桑耶寺和热振寺的情况是比较像的，这是由于两座寺院虽有前后时间的区别，但它们有着同样的任务。这是两者具备的一个相似点。

问：热振寺刚开始修建时都做了哪些宗教仪式？邀请了哪些人物？

答：这座寺院刚修建时举行的仪式跟后期在寺院举行的仪式很像，就是献祭当地土地神，包括与“鲁”（ཀླུ）相关的仪式。根据仲敦巴的一本传记记载，当地民众请求仲敦巴亲自举行开光仪式，但他说：“不可，因为我不是一个僧人，而是一个在家居士。”“这事只能由您做，因为您是阿底峡的亲传弟子”，在民众的一再坚持下，最后他举行了开光仪式。

主持人：由于时间关系，今晚的讲座就到此结束。非常感谢乌瑞克·洛斯勒女士给我们做了一场关于热振寺的精彩讲座，也感谢华桑诺吾同学的现场翻译，感谢大家。扎西德勒！

苯教戒律传统

主 讲 人：乌瑞克·洛斯勒（Ulrike Roesler） 副教授

主 持 人：才让太 院长

讲座语言：英语

翻　　译：华桑诺吾 硕士研究生

时　　间：2014年11月6日19：00—21：00

地　　点：文华楼西区二层学术报告厅

主持人：大家晚上好！今天的讲座是关于苯教戒律，主讲人是乌瑞克·洛斯勒教授，昨天已经作了介绍，今天为了节省时间就不再重复介绍了。现在我们正式开始讲座。

主讲人：昨天我们谈了噶当派的建寺历史，今天我们主要讲苯教传统戒律的历史。在皮克维诺（Per Kvaerne）所著《西藏苯教》一书的介绍中，围绕"苯"这一词汇，作者提及了他在学术文献和通俗文本中遇到的对这个词汇的不同解释，他把不同解释归纳为三类。在这里，我们简要回顾一下"苯"这个词汇的三种含义：第一种含义指的是，在公元8—9世纪，由佛教逐步压制的前弘期藏族宗教；第二种含义指的是，广阔且无定形体的通俗信仰，包括占卜、对本地神灵的膜拜以及灵魂观念，这些通俗信仰是藏传佛教和苯教所共有的，所以可以把它们归类到斯坦因先生所说的西藏的"无名宗教"中去；第三种含义指的是于公元 10—11 世纪出现于藏地的一种宗教，这一时期恰好是佛教在藏地经历一段时期衰败后，再次从印度引入并成为藏地主导宗教的时期。

在这次讲座中，我将集中讨论与“苯”相关的上述三种含义中的第三种，也就是大约在公元 10—11 世纪宗教复兴时期，与佛教一同发展起来的系统化形式的“苯教”。我将关注一个被忽视了很久的问题，这一主题被冷落的一部分原因在于人们认为讨论这个问题并不能带来新的发现，这个被忽视的主题就是苯教的寺院传统和苯教寺院戒律文献。表面上，苯教和佛教的寺院制度非常相像，以至于它们之间的区别和各自的鲜明特征都很容易被忽视。然而，通过仔细解读苯教传统的戒律（འདུལ་བ），我们能够发现，苯教戒律并非只是佛教戒律的复制，它本身就是一套创新体系，包括一系列不同文献。

被系统化的苯教形式，是极度一体化和综合化的，它结合了藏地本土的占卜、治疗和与神灵世界相交流的方式，还囊括了一些与佛教相似的元素，包括哲学、冥想技巧和以解脱轮回为目的的救世学。“苯教九乘”（བོན་གྱི་ཐེག་པ་རིམ་པ་དགུ）或更古老的“四门五库”（སྒོ་བཞི་མཛོད་ལྔ）则清楚地阐释了苯教教义。

在苯教的九乘体系中，寺院制度是“因苯”（རྒྱུའི་བོན）的部分，它包含佛苯共有的元素，比如，寺院生活、哲学以及冥想修行。

系统化的“苯教”把自身固有的元素和佛苯共有的元素合为一体。尽管如此，我们仍然还在追溯苯教的演化发展，对于早期苯教，我们还是一知半解。尽管藏传佛教和“果苯”（འབྲས་བུའི་བོན）在教义和修行等方面具有很多相似性，但是，对于这两种传承的历史叙述是完全不同的，并且我们能够明显地察觉到两种历史叙述之间的竞争关系。当藏传佛教的历史学家们将他们的传统追溯至印度佛陀释迦牟尼时，苯教史学家则把他们宗教的本源追溯到了他们的佛陀——辛饶米沃。辛饶米沃存在于佛陀释迦牟尼前，居住于西藏西部大食地区一个叫作沃摩隆仁的地方。苯教史学家认为苯教从沃摩隆仁传播到了很多地区，包括藏地、汉地和印度。苯教教义在印度则发展为了释迦牟尼的教义，因此，佛教被视为是苯教的派生物。

在西藏，一个同样的叙述模式适用于戒律的历史。藏传佛教徒着重强调他们的戒律传承自印度原始戒律，而根据苯教史学著作的记载，佛教接受的是苯教的授戒传承。因此，在我们深入戒律本身以前，我们需要简单梳理一下佛苯两教对各自戒律起源历史的叙述。

藏地的戒律

没有任何证据表明，在佛教传入之前，藏地曾有过任何形式的寺院制度。西藏的第一座寺院桑耶寺于公元 8 世纪，在吐蕃王室支持下建造，印度学者寂护大师（ཞི་བ་འཚོ）担任了桑耶寺第一任住持。公元 9 世纪后半叶，在吐蕃王朝衰落和佛教没落之后，藏族人从西藏东部重新引入了戒律传承。当时一群年轻人从卫藏前往朵康，在集齐 5 名授戒堪布之后，从贡巴饶赛（དགོངས་པ་རབ་གསལ）处接受了戒律，然后回到卫藏，在卫藏重建了寺院制度。我们需要简短地回顾这个故事。在公元 11—12 世纪的时候，寺院制度开始大规模发展，藏地出现了与寺院联系在一起的主要佛教传承。通常被我们忽视的一点是，正好在这一时期苯教的寺院制度也得到了发展。所以，无论研究哪种寺院制度，同时去看这两个宗教的传统才是明智的。

由于苯教寺院制度的起源故事早于书面记载之前，所以在历史上很难核实这一时期。根据辛饶米沃传记的记载，他在前半生是一个俗家人，并且他的儿子们是他最早的弟子。从自身角度来讲，作为一名开悟者，他已经不需要借助寺院进行修行，他展示了如何为利益众生而作为一名断念的僧人去生活。辛饶米沃的教义被翻译成了喜马拉雅西部的象雄语。在象雄王国传播了很久之后，这些戒律传到了远古时期的藏地，也就是所谓的“七墀天王”（གནམ་གྱི་ཁྲི་བདུན）时期，而且它传到了阿里和卫藏地区。在某种程度上，它还传播到了青藏高原的东部。

作为对藏地戒律传承史的有趣解读，关于寺院戒律传承如何在公元 9—10 世纪寺院制度衰败期间幸存下来的问题，苯教有自己的故事版本。根据苯教的叙述，吐蕃王朝衰败后，佛教在卫藏地区已经绝迹。公元 9 世纪中期，暗杀朗达玛的佛教僧人拉隆贝吉多杰（ལྷ་ལུང་དཔལ་གྱི་རྡོ་རྗེ）听闻在安多地区有一个苯教戒律的传承被保留下来，于是，一群年轻的佛教徒远赴安多，从一个叫贡巴饶赛的苯教僧人处受戒，然后回到卫藏修建了他们自己的佛教寺院。这也就意味着下路戒律（སྨད་འདུལ）是佛苯共有的。不仅如此，根据苯教的观点，是佛教徒从苯教接受了戒律，而不是苯教徒从佛教接受了戒律。

抛开这一段相对模糊的早期历史，我们能够接近公元 11 世纪左右一段可靠的历史。这一时期，苯教和佛教的寺院制度似乎均有发展。公元 1072 年，著名的苯教大师贤钦鲁噶（གཤེན་ཆེན་ཀླུ་དགའ，996—1035）的弟子佐钦·南喀雍仲（རྫོགས་ཆེན་ནམ་མཁའ་གཡུང་དྲུང）在日喀则负责修建叶茹彭萨卡寺（གཡས་རུ་དབེན་ས་ཁའི་དགོན），并且在同一地方修建了另一座寺院——尼木桑日寺（སྙི་མོ་བཟང་རི་དགོན）。也是在这个时期，麦东·西饶维色（མེ་སྟོན་ཤེས་རབ་འོད་ཟེར，1058—1132）撰写了第一部关于寺院律法的综合性释论《戒律总集》（འདུལ་བ་ཀུན་ལས་བཏུས་པ）。1386 年，叶茹彭萨卡寺毁于一场洪水。在洪水发生的时候，一名僧人不在寺院，但是当他回来的时候，发现寺院已经被毁。于是，这名僧侣在附近修建了曼日寺（སྨན་རི་དགོན）。这个僧人就是年麦西饶坚赞（མཉམ་མེད་ཤེས་རབ་རྒྱལ་

མཚན，1356—1415），他成为一名很有影响力的人物。如今，大部分苯教寺院遵循曼日寺的寺院制度。

苯教的寺院制度

苯教戒律传统有几个剃度或授戒的等级和阶段。首先，头两个戒律是近住戒（བསྙེན་གནས་ཀྱི་སྡོམ་པ）和优婆塞戒（དགེ་བསྙེན་གྱི་སྡོམ་པ）。这通常是传给那些打算短期受戒的俗家众。他们可以选择受戒的时间，比如只受一天戒。他们遵守四个根本戒：不杀生、不偷盗、不邪淫以及不说谎。优婆塞多守一个戒，比如说像戒酒。如果你对佛教戒律有所了解的话，你就会发现这与佛教俗家众的五戒是非常像的。

僧人要接受其他两个更高等级的戒律。在受戒仪式之前，受戒候选人会被考验是否适合受这个戒。然后，这个候选人会受25个沙弥戒（གཙང་གཙུག་གི་སྡོམ་པ）。整个戒法包含250个比丘戒和350或360个比丘尼戒。接受了所有戒律的僧人和尼姑被称为比丘（དྲང་སྲོང）和比丘尼（དྲང་སྲོང་མ），这两个词是从梵文翻译为藏文后所用的术语。所以，苯教不同寺院阶层所用的术语以及所受戒律的数量跟佛教是不一样的。

苯教戒律文本

我们可以把苯教寺院的戒律文献分为三大类，它们分别为：第一类是包含在苯教“噶”（བཀའ）里的戒律文献，它们可以追溯至辛饶米沃的权威典籍；第二类是有关经典文献的释论，它们有些收录于苯教的噶丹（བཀའ་བརྟེན），其他的则作为单独的经文被传播；第三类就是寺规（བཅའ་ཡིག），它是僧人在具体寺院中的行为准则，对于规范僧侣的日常生活这些文本是相当有意义的。曼日寺的条例被苯教其他寺院所采用。克里斯提娜·切克（Krystyna Cech）已经出版、翻译并撰写了一篇很详细的关于曼日寺寺规的研究文章。

下面我将集中讲述上述三类中的第一类经典和第二类释论，并对这部分文献的内容作一个简短的综述。

1. 苯教“噶”中的戒律文本

首先，我们讲一下苯教经典“噶”中的戒律文献。在“噶”里，戒律的文本收录于经部（མདོ）。我们尚且不太清楚这些戒律经典是在什么时候集结的，或者说这个经文中的戒律部到底有多久的历史。“噶”里边的戒律部文献，就是我们所熟知的《律经六续》（འདུལ་བ་རྒྱུད་དྲུག）。戒律文本的题目《律经六续》包括两个令人比较费解的特点。首先，这个文本被称为“续”（རྒྱུད），“续”这个词汇译自梵文 tantra。但是在这个语境中，大概指的就是经文。其次，这里说的《律经六续》，并非只有六部，根据版本的不同，有七部或八部。我在这里所引用的是一个旧版本，戒律部是这个版本的第三卷，共有 338 页。目前，我还没有细读这些文献，所以，只能对它们的内容作一番大致介绍。

第一部是《戒律起源根本续》（འདུལ་བ་ཀུན་འབྱུང་རྩ་བའི་རྒྱུད），这部文本是目前为止发现的最长的律部文献，共有四十多个章节，对根本四戒专设一章。此文本还规定了僧人应避讳的各种行为，包括饮酒、吃肉、吃大蒜、戴饰品、参加娱乐活动或坐在奢华的座位上以及午后进食等。这些行为准则跟佛教寺院戒律非常相似。但是，这个律部文献的后面几个章节开始转移话题，继续以不同的脉络讲述我们所称的心理学方面的问题。一个僧人必须摈弃五毒（贪、嗔、痴、傲、疑），杜绝伤害他人的语言、恶毒的想法、被懒惰和恐惧所支配以及其他相似的不良态度。该文还包括其他戒律的章节，比如像优婆塞，只受一天戒。

第二部是《戒律起源纯正续》（འདུལ་བ་ཀུན་འབྱུང་དབྱིངས་དག་རྒྱུད），它包括 21 章。在介绍性的章节之后，此文本对大乘佛教思想作了大体解释，包括对菩提心和世俗谛等概念的理解和追寻解脱之道的内容。

第三部是《戒律大时系缚之续》（འདུལ་བ་དུས་ཆེན་དུས་བཙན་སྡོམ་བྱེད་རྒྱུད），其中包含对缘起和善恶以及道德和戒律的益处。虽然是一个律部文献，它还提到了同样适用于僧俗二众的共同伦理道德。

第四部是《戒律义总述》（འདུལ་བ་དོན་གྱི་ཀུན་བརྗོད），这一文本列出了一些不同形式的律法（男戒、女戒、沙弥戒、优婆塞戒、近住戒），还包含布萨（གསོ་སྦྱོང）仪式以及在布萨场合要说的话。

第五部是《所有戒律系缚之续》（འདུལ་བ་ཡོངས་རྫོགས་རྣམ་དག་སྡོམ་བྱེད་ཀྱི་རྒྱུད），这个文本涉及授戒仪式和受戒人应该遵循的道德准则，它还规定了寺院着装（禅裙、上衣、下衣、莲帽、莲包）要求，并罗列了允许僧人携带的私人物品，包括沐浴瓶、棒、钵、刀、针、绿松石和起火器等物品。在与佛教共享很多相似点的同时，其中有一些细节是苯教传统所特有的，比如苯教的莲帽（པད་ཞྭ），还有特定的术语也是苯教特有的，例如，苯教把法棒称为“黑如”（ཧོས་ཟུ），把钵称为“叶格”（གཞི་སྐར）。

第六部《戒律别解脱分别续》（འདུལ་བ་སོ་སོར་ཐར་པའི་བྱེ་བྲག་རྒྱུད）的三分之一内容讲述发誓出家和忏悔罪过。剩余章节讨论断念者们应该放弃家庭、国家和朋友去追寻解脱之道，为修行大乘创造更好的条件。

第七部是《戒律修补续》（འདུལ་བའི་ཉམས་གསོ་ལམ་སྡོམ་རྒྱུད），具体指导如何悔过和弥补罪过。

第八部是《戒律总望止系缚之续》（འདུལ་བ་སྤྱི་སྟོས་འགོག་པ་སྡོམ་བྱེད་རྒྱུད），主要探讨了一系列有关世界的知识和主题，包括无知、因果、娑婆世界和世间等概念。

尽管不是完全相同，但收录于此的苯教律法与佛教寺院律法之间具有相似性，对于这一点应该进一步作详细研究。我们即便没有一一比照苯教和佛教整部戒律体系，但苯教《律经六续》包含的新材料极其引人注目。尤为特殊的是，《律经六续》考虑到了与不端行为相关的很多精神因素，比如无知、精神折磨、五毒以及一些其他误导或伤害他人的态度。此外，《律经六续》反复提及一般性的道德规范和业力，这些元素也与大乘佛教具有共鸣。总之，在严格意义上，《律经六续》并不像一部寺院法规，它融合了佛教戒律文献的注释文本、《阿毗达磨经》以及大乘伦理文献均会提及的内容。因此，苯教《律经六续》远不止是佛教律部的不同版本，它是针对寺院戒律和僧人破戒，以自己的特定术语和结构所进行的一种独立性创作。

2. 释论

下面，我们来讲苯教戒律释论。有一部分释论收录于苯教《甘珠尔》（བོན་གྱི་བཀའ་འགྱུར），其他释论则作为独立文献传播。我现在要介绍两个非常古老且有影响力的戒律释论。最早的可以追溯至 11 世纪的《戒律总集》。这本释论由麦东·西饶维色编著，被视为苯教律部权威经典。一个有趣的发现是，如果是在这个时期写出了戒律释论，那就表明在这个时期苯教已有戒律。在此基础上，曼日寺的建寺者年麦西饶坚赞在 15 世纪初也写了这样一本释论。此书的全名是《能显教法主干——律学之释论幻变灯》（བསྟན་པའི་སྲོག་ཤིང་འདུལ་བའི་བསླབ་བྱ་གསལ་བར་བྱེད་པའི་འགྲེལ་བ་འཕྲུལ་གྱི་སྒྲོན་མེ），也可以把它简称为幻变灯（འགྲེལ་བ་འཕྲུལ་གྱི་སྒྲོན་མེ）。这场讲座对苯教戒律结构的分析，大部分基于这部释论。因为作为一个体系，这本释论对理解苯教戒律提供了一个非常清晰的结构和详细的解释。

年麦西饶坚赞的这部著作以一段对苯教戒律历史和苯教传播世系的简短介绍开始写起。对于那些希望获得解脱的人来说，这本释论解释了寺院制度存在的意义。这本释论的主体包括两个部分：第一部分重点讲述寺院剃度基本原理以及受戒者应该遵循的生活和行为方式。其他部分讲述僧人的修面、清洁、着装、生活用具、化缘、游学、吃饭、睡觉、说话等日常行为规范。第二部分列举和解释了僧人和尼姑所要遵循的律法，其中包含250个比丘戒和350或360个比丘尼戒。这些数字与佛教戒律相比，看上去是可疑的，我们可能会怀疑这些数字过于简单化。的确，这本释论的末尾提供了一个精确的计算，为了达到这些数字，它要求明确的算法运算。没有这些运算，比丘戒也有可能达到258条，这恰恰与《根本说一切有部》的戒律数是一致的。因此，也许有人会进行表面上的假设，认为这些戒律与佛教戒律是相同的。

以下是苯教戒律和佛教戒律的对比图。

བོན་གྱི་འདུལ་བ།

རྩ་བའི་སྡོམ་པ།

4 ཕམ་པ།

ཡན་ལག་གི་སྡོམ་པ།

63 མི་དགེ་བའི་སྡེ།

68 ཉོན་མོངས་པའི་སྡེ།

110 འཁྲུལ་ལྟའི་སྡེ།

（ཕྱིན་ཅི་ལོག་གི་སྡེ། 2）

1 ཁྲིམས་ཆེན་གྱི་སྡེ།

3 ཁྲི་སྣན་གྱི་སྡེ།

4 ཁྲི་ཟས་ཀྱི་སྡེ།

1 ཐོར་བུའི་སྡེ།

གཞི་ཐམས་ཅད་ཡོད་པར་སྨྲ་བའི་འདུལ་བ།

རྩ་བའི་སྡོམ་པ།

4 ཕམ་པར་འགྱུར་པ་རྣམས།

ཡན་ལག་གི་སྡོམ་པ།

13 དགེ་འདུན་ལྷག་མ་རྣམས།

2 མ་ངེས་པའི་ཆོས་གཉིས།

30 སྤང་བའི་ལྟུང་བྱེད་རྣམས།

90 ལྟུང་བྱེད་འབའ་ཞིག་ཏུ་འགྱུར་པ་རྣམས།

4 སོ་སོར་བཤགས་པར་བྱ་བ་རྣམས།

108 བསླབ་པའི་ཆོས་མང་པོ་རྣམས།

7 རྩོད་པ་ཞི་བར་བྱ་བའི་ཆོས་བདུན།

以上是佛教和苯教戒律的对比图，从中可以看出，除了术语ཕམ་པ以外，佛教和苯教在专业术语方面没有一个是重叠的。甚至更要注意的是，苯教戒律的分类遵循一个完全不同的结构原理。苯教戒律不是根据罪过的严重程度和惩罚方式进行分类的，而是根据态度或心理因素对各类罪过进行归类的。相较于实际结果，苯教戒律更强调罪过的长期影响，其中的每个实例都提醒读者们，当下的罪过将会导致来生的灾难，并且阐述了每一种罪过对应的不好的投生类型，它所强调的是对一般业力和救赎的考虑，并不强调这是寺院律法。因此，罪过本身的独立形式与不良精神态度息息相关。所以，所有 68 种类型的罪过，是基于贪、嗔、痴、慢、疑等五毒而产生的，而被归为邪见（འཁྲུལ་སྣ）类的 100 个罪过与渴望、盛怒、贪婪、欺骗、懒惰等 12 个错误的精神态度相关。所以，我们可以发现，这种分析法跟藏传佛教是不同的。

结 语

通过学习苯教戒律，我们可以得到什么呢？对最初和最早形态的佛教寺院戒律感兴趣的研究者来说，苯教戒律不能提供新的东西。但是，对戒律传统在亚洲的传播，或在不同时期、不同社会环境中寺院戒律的革新和演变感兴趣的研究者来讲，苯教戒律传统变得十分有价值。苯教戒律传统应该被视为一种独立的戒律传统，它与佛教七律并存，在这个意义上，我们应该承认八律而不是七律。

正如初步研究所显示，苯教戒律与佛教律法有相似之处，但苯教戒律具有完全不同的组织结构，苯教戒律根据导致破戒的个体精神缺点对各种罪名进行分类，而不是根据律法结果进行分类。这个视角是心理层面上的，而不是法律意义上的，从这个角度讲，应该把苯教戒律跟佛教释论和《阿毗达磨经》作比较，而不是与佛教戒律本身作比较。所以，我们所接触到的苯教戒律并不仅仅是佛教寺院戒律的复制品，正好相反，苯教有自身原始的寺院律法和一套完全独立的戒律文本。而且，进一步学习这些文献能够对西藏寺院制度的发展提供有趣且深刻的理解。我们尚且不太清楚这些苯教戒律经典如何被创作以及确切的汇编年代，但是，如果允许我们大胆猜测，《律经六续》是反映寺院制度在藏地兴起时候的一面镜子。如果一个藏人被要求写出什么是寺院制度，僧侣的行为举止应该如何，以及持戒的重要性，那么他将给出的条文一定类似于编入佛教寺院戒律的行为准则，并按照在青藏高原占主导的大乘佛教戒律的观点和价值准则来进行相应的阐述和组织。

苯教徒明确承认他们的传统属于大乘佛教，并认为他们的戒律融合了大乘佛教的思想。但是，从另一方面讲，其实所有的佛教戒律属于非大乘佛教传统，大乘佛教的追随者从来没有为他们自己创立过戒律。如果他们需要一部大乘佛教的行为戒律，他们通常会借助其他文本。从这个意义上我们可以说，苯教是唯一一个创立过“大乘佛教戒律”传统的。

讲座内容到此结束，不知在座的同学对苯教戒律了解多少，有些同学可能会对这个主题感到陌生。对我来说，也处在刚入门的阶段，需要进一步研究苯教戒律的很多细节问题，如果同学们有什么问题，非常欢迎提问交流。

主持人：还有一点时间，同学们如果有问题可以提问，如果没有问题，我们的讲座就到此结束。好的，看来大家没什么问题，以前我们对苯教戒律没有了解，这次老师给我们做了一次非常好的讲座，开拓了我们的眼界。非常感谢。

西藏医学和药理学概论

主 讲 人：凯塔琳娜（Katharina）博士

主 持 人：才让太 教授

讲座语言：英语

翻　　译：旦增央嘎 硕士研究生

时　　间：2014年11月24日 19：00—21：00

地　　点：文华楼西区一层学术报告厅

主持人：凯塔琳娜博士以前也给我们做过一场讲座，她主要从事藏族医学方面的研究。因为她这次专门去韩国参加了一场有关传统医学的学术会议，顺道路过北京，我们邀请她做一场讲座。凯塔琳娜博士长期从事的藏族医学领域的学术研究，正好是我们藏学院接触较少的知识领域，包括藏医学、梵文、藏族艺术史这些领域，不管是老师们个人的研究方向，还是学生们的课程专业，都涉及得很少。虽然我们学院没有这个专业方向，但是我们很希望大家能够增加和补充这方面的知识，开拓这些领域的学术视野。所以，今天晚上我们邀请到凯塔琳娜博士给大家做讲座。请大家鼓掌欢迎。谢谢！

主讲人：首先非常感谢才让太教授的介绍，我非常感谢才让太教授邀请我到中央民族大学做讲座。同时感谢讲座翻译人员，也感谢同学们能够参与。这对我来说，将会是一次极具意义的交流。

今天由于时间关系，我只能为大家开启藏药学的一扇小窗。我会简单介绍藏族药理学的基本理论和发展历史，五行学说以及各个药物的不同味道和不同特征等方面的内容。在传统藏文文献中，多次提及藏药原料互相代替的情况，由此引申出了一个颇为重要的问题，那就是我们如何定义藏药。总的来讲，我讲座的主要文献依据是藏医中最重要的文献《四部医典》及其各种注疏，同时我也会参阅药理学的其他文本。最后，我将会与大家讨论关于制作合成药物方面的一些问题。

首先，我简要介绍一下《四部医典》。《四部医典》是藏医药最重要的一部文献，它由四个部分组成，第一个部分是总则部（རྩ་རྒྱུད），该部分对藏医进行大致介绍；第二部分是论述部（བཤད་རྒྱུད），它是就诊前的基础，主要解释健康这一概念的定义和理论、病因、病的分类，以及作为医生需要具备的道德等；第三个部分是密决部（མན་ངག་རྒྱུད），该章节是四部中最长的，这里对第二部分所涉及的知识提供了就诊时具体的治疗方法；第四部分是后序部（ཕྱི་མའི་རྒྱུད），该部分主要解释实践方面的内容。藏医的传统课程经常会要求学生背诵这部著作，然而由于第三部分太长，且不方便记忆，通常不会对这一部分做要求。

《四部医典》涉及藏医药的八个分支，这八个分支处理关于人体健康的不同方面，分别涉及关于整个身体的健康状况、儿童、妇女、恶魔、外伤、毒素、衰老以及生育问题，在书中这四个部分对这八个分支的不同方面都有所涉及。

《四部医典》的四大章节对药理学知识的不同角度都有所描述。“总则部”简要介绍了藏医最主要的原则；“论述部”包含三个部分，详细解释了藏医理论和概念，也包含不同方面的药理学知识。这三个章节将会是这场讲座的主要内容。我们在“论述部”中的某些章节和“密决部”中的所有章节中不仅可以找到关于药理学的知识，而且几乎每个章节都有关于某种疾病的病因以及治疗方法。“后序部”的三分之二内容与配药学相关，这些药物至少可以分为两类，一种是减缓型药物，它能缓解某种症状；另一种是消除型药物，它可以停止呕吐或者腹泻之类的疾病。

下面让我们简要讨论一下有关《四部医典》的历史。关于这部文献的作者和写作年代，我们还没有确切的答案。总体上讲，关于这个问题有三种不同的说法，但今天我不打算详细叙述每一种说法，只是简要回顾一下。有一种说法认为《四部医典》是由佛陀口述而成，后被结集成书；第二种说法认为《四部医典》是在公元 8 世纪从印度文献翻译为藏文；最后一种说法认为它由一位藏族作家在不同文献的基础上汇编而成，其中很有可能还包含一些苯教的文献。但实际上我们没有充分的论据去证明这些说法的可信度。当提到《四部医典》的时候，人们经常会提及宇妥·云丹贡布这个名字。然而，讲述他生平的传记文献中出现两个宇妥·云丹贡布，一位生活在 8 世纪，这与前面所提到的第二种说法相吻合，另一个则生活在 13 世纪，这位人物与前面所提到的第三种说法相吻合。费南德梅耶等学者对“两个宇妥·云丹贡布”的故事作了对比，他认为两个人物的生平应该被结合起来予以考证，这样我们就会发现这些生平事迹实际上是围绕同一个人的，而这个人则生活在公元 13 世纪。

17 世纪是藏医学发展至关重要的一个时期，藏药学在第悉·桑结嘉措的扶持下繁荣发展。这位第五世达赖喇嘛的摄政，不仅编辑了一些重要的藏医典籍，同时还写了一部《四部医典》最重要的注疏《四部医典·蓝琉璃》。同时，在这个时期还有一些学者也对藏医其他典籍进行了校订、规范和更新。桑结嘉措同时还出资完成了藏医学最杰出的文化遗产，即以《四部医典》和《蓝琉璃》中的内容为依据所绘制的一套唐卡，称作曼唐（སྨན་ཐང）。公元 1696 年，桑结嘉措和五世达赖喇嘛的私人医师洛桑曲扎（བློ་བཟང་ཆོས་གྲགས）在布达拉宫对面的药王山建立了一所医学院，同时他还差人印刻了《四部医典》的印刷模板作为这所新学校的教具。因此这个多产的时期被称为藏医学的黄金时期。

在此，我想跟大家分享一下个人对藏医文献的一些理解。《四部医典》是藏药学最重要的一部文献，虽然这部典籍篇幅非常长，但是它所使用的词汇非常简洁，而且是以格律诗的形式所作，因此包含了非常丰富的信息。但是这也导致如果在没有后人注疏的情况下，这部文本会非常难懂。《四部医典》有很多注疏，其中有两部是最重要的：一部是《祖先口述》（མེས་པོའི་ཞལ་ལུང），由生活在16世纪名为苏喀・洛追杰波（ཟུར་མཁར་བློ་གྲོས་རྒྱལ་པོ）的伟大医师所作，另一部就是我们已经提及的桑结嘉措的《蓝琉璃》。

现在我们回过来讲《四部医典》和藏医药理学。《四部医典》的“总则部”的第一章描绘了能够实践藏医学的一幅完美图画，还解释了与藏族医学相关的神话世界药王城无量寿宫，展现了这座医学殿堂的理想环境。例如其中记载着这座城市的四个方位都由山包围，而且在这些区域里可以找到许多具备不同功效的药材。这幅“曼唐”提供了大量关于神话世界药王城无量寿宫的细节。在这座城市的西面有许多不同的鸟类，如鹤、孔雀、布谷鸟、麻雀和鹦鹉等等，还可以看到一些强壮无比的动物，比如白色的大象，这头白色大象代表印度智慧的精髓，它非常独特的一个特征是，长着人类的眼睛，似乎略显羞涩，以一条腿遮住另外一条腿，象鼻还卷着一束花。另外，在曼唐里还记载着较为详细的鸟类情况，有成对的鸟，还有一只正在给自己的孩子喂虫的雌鸟。根据实际意义来讲，“总则部”介绍了不同味觉理论以及它们对药材的影响等有关藏医学最主要的背景。

“论述部”是藏药学最基本的知识。在第十九章讲到了药材在接触舌头时产生的味觉以及消化后的问题。后消化味道（ཞུ་རྗེས）指的是药吞咽之后所产生的味道；第二十章讲述了不同药材的功效，并且罗列了近四百种药材以及它们的药效；第二十一章对不同药物的特效进行了分门别类，同时对理论的实际操作也给予指导，即怎样混合某些药材且制作出对抗某种疾病的合成性药物。关于味觉的理论基础源自五行，2013 年我讲了五行及其在其他文化中所存在的相似概念，这次我大致作个简要叙述。一般来说，五行是所有生活哲学的主要构成要素，它包含自然生长与死亡的有关概念，五行中的每一个元素与季节，植物的生长，佛教仪式以及制药过程等都存在联系。

五行分别指的是土水火风天，它不仅与身体成长的过程以及身体功能运行有关，而且每一个元素与身体组织以及感官的运行也有关联。总体来讲，没有土，物质的最初形式就不会形成；没有水，物质没有固体形式；没有火，物质不会成熟；没有风，物质不会生长；没有天，物质失去了生长的空间。如果按照药理学的知识来解释，五行对药材也有影响，土是药材所生长的基础条件，水具有湿润的作用，火产生热量，风产生运动，天则使其生长。同时，五行也影响药材的味道，两个元素的结合会产生一种味道。例如，土和水产生甘味；火和土产生酸味；水和火产生咸味；风和水产生苦味；火和风产生辣味；土和风产生涩味，总共有六种味道。与此相同，五行对事物和药物的消化也有重要影响，内科的治疗方法是建立在食物和药物的味道基础之上的。火和风的结合引起向上运动，可以用来制造具备催吐效果的药物，这类药物可以导致呕吐。土和水引起向下运动，可以用来制作具有通便效果的药物，也就是说这类药物有腹泻的作用。

在座的朋友应该都了解三因这个概念，三因也可以翻译成三因素，今天我只对其作个简单介绍。三因指རླུང，མཁྲིས，བད་ཀན，汉音译为隆、赤巴、培根，分别代表气、胆汁以及黏液的意思。它们分别由不同的颜色表示，隆是蓝色，赤巴是黄色，培根是白色。这三因具有许多功能，一般来说，隆与生命活动密切相关，赤巴是负责人体各内脏机能活动的一种因素，而培根则与人体稳定的机能有关。三因有时候也被称作三毒，这与佛教中贪嗔痴三毒概念有关。蓝色的叶子和鸟代表贪，由之产生隆；黄色叶子和蛇代表嗔，由之产生赤巴；白色叶子和猪代表痴，由之产生培根。日常生活中，三因紊乱导致生病，包括食物、行为、毒素以及天气等因素。然而，藏医学中最核心的理论就是通过前面所提及的六种味道之间的合理结合来治疗三因紊乱。

“论述部”的第二十章更是详尽地介绍了各个药材的功能和疗效，其中主要是介绍单种药材的不同疗效。

接下来，我们来了解一下任意一种药材的特定功效，其中包含物质的四对相反的特性。药材的功效可以是或重或轻，或油或干，或冷或热，或钝或尖，比如石榴的特性是热、干、轻。药物的功效与上述特性关系密切，也与药材本身的功效相关，它通常与上面提及的或冷或热的本性相关。冷和热是一对相悖的概念，它们与太阳和月亮有联系，这样的联系在全球范围里都很普遍。例如在古代中国以及古希腊的医药典籍中也有这种情况。在藏医学中，冷热两种特性又与两座山相关，这两座山在印度神话中是非常重要的，分别是与冷的特性相关的雪山（གངས་ཅན）和生长着热性药物的“频陀那”山（འབིགས་བྱེད）。因此，我们可以看到太阳与维达雅山在同一条线上的图片。一般情况下，药材的生长环境即由于太阳阴阳面，或者其生长土地的湿润或干燥都会产生很大的差别。这不仅在传统理论中非常重要，在现代药学或者生物制药学中也非常重要。因此，这一理论对药科植物所生长的周围环境对其内在能动物质所产生的影响能够作出解释。

下面我们进入藏医学理论中最重要且篇幅最长的一部分。“论述部”的第二十章介绍了超过380种药材以及它们的特征和疗效。这些药材被归为八类，珍宝药、矿物药、土药、木药、由葡萄干和芳香剂所构成的黏性药物、生长在高原平地地区的被称为枝叶的药物、草药以及从动物体内提炼出来的药物。

文本的这一章节中清楚地描述了在治疗过程中应使用哪些药材的细节，比如石榴可以治愈所有与胃相关的疾病，它能强化在消化过程中所需要的热量，并且减少黏液和体内的凉性；又比如，红色的檀香木可以治愈血热；藏红花和它的替代药物可以治疗与肝相关的疾病，同时它还有止血的功能。另外，“论述部”的第二十章里对每种药的原材料都进行了描述，“论述部”中虽已包含了大量信息，但是这些也只是冰山一角，我们在其注解书中可以找到更多、更详尽的信息。

在 18 世纪，藏医学领域开启了另一扇发展的大门。杰出的学者丹增平措（དེའུ་དམར་བསྟན་འཛིན་ཕུན་ཚོགས）精心撰写了一部名为《晶珠本草》（ཤེལ་གོང་ཤེལ་ཕྲེང）的药典。这部著作可以被视为藏医学中最重要的规范性文本，同时也是现代化时期之前一部规范的药理学典籍。丹增平措出生于 17 世纪末，他在色拉寺接受教育，后期居住在德格。《晶珠本草》是公元 1720 年左右编写的，其书名显示了这本著作由两个部分组成，包括一个简短的总说以及对其进行注解的更长更详尽的注释。著作简短的总说部分被称为“晶珠”（ཤེལ་གོང），其中主要是以介绍为主，还包含其他著述的一些引文段落，有时还添加了一些新内容。该著作第二个部分被称为“晶串”（ཤེལ་ཕྲེང），它是对第一个部分的详细注解。在这一部分，作者对本草进行了更多的分类和亚分类。遗憾的是，文中没有附图，当时保存下来的唯一以图画描绘本草的只有 17 世纪描绘的《蓝琉璃》的唐卡。

一个世纪之后，藏医学的另一个珍宝问世了。来自蒙古的降培多杰（འཇམ་དཔལ་རྡོ་རྗེ）编著了一部名为《本草靓丽眼饰》（མཛེས་མཚར་མིག་རྒྱན）的著作，这部著作被精心地制作成了印刷版，与《晶珠本草》有着紧密联系，但是这部著作比《晶珠本草》更短，并且还参考了其他文献。《本草靓丽眼饰》这部著作由藏文写成，所涉及的药材名称又用汉文、满文以及蒙古文进行了标注，这显示出当时藏医知识正在发展扩大。这著作的印刷版制作得极其精致，在这里大家可以看见一个石榴树的枝叶、果实和花朵，其中一个果实虽已破皮，但里面的果肉完好无损的图片。虽然这个印刷版非常有名，而且存在许多不同的版本，但是关于降培多杰个人的情况，我们知道的并不多。在印刷版的最后，降培多杰列了本书的参考资料，不仅包括《四部医典》及其注解《祖先口述》，而且还引用了贡却曲扎和洛桑曲扎的其他著作。

在此，我还想介绍藏医学非常重要的一位学者洛桑曲扎。他出生于公元1638年，卒于1710年。洛桑曲扎是五世达赖喇嘛的医生，由于他对眼部手术非常娴熟而闻名于世，这项技能是他从印度学者曼那护（མ་ན་ཧོ）那里学来的，也用这项技术成功挽救了五世达赖喇嘛的视力。洛桑曲扎有许多著作，其中一本是有关配药学的，虽然这本书不太出名，但是在藏医学中却享有重要的地位。这位多才的学者对解剖学也有所涉猎。据说公元1670年，他在拉萨的一处公园中进行过一次解剖，同时对桑结嘉措撰写《蓝琉璃》作过医学指导。1697年，也就是在他生命的后半时期，他担任在药王山所建立的医学院的老师。洛桑曲扎精心地对《四部医典》“论述部”的第二十章的“本草”写了注释，文中他遵循了“论述部”的序列，对不同药物的分类没有像《晶珠本草》一样进行改动。洛桑曲扎跟最早的《四部医典》的注解《祖先口述》以及从其衍生的医学流派苏尔派（ཟུར་ལུགས）关系尤为密切。他还命名了一些源自印度或者尼泊尔的草药，在这个方面他得到了一位来自婆罗门家庭的人和另外一位印度人的帮助。

到目前为止，我主要讲了藏医学的有关理论以及历史传承的相关问题，接下来我们将讨论有关药物的更实际的一些问题。

众所周知，藏地的高海拔和强烈的紫外线，还有其独特的植物化学特征，都为许多稀有植物提供了生长和贮藏的良好环境。虽然草原非常广阔，并且还长有许多药材，但不是每片土壤都如此多产，在超过某个特定的海拔线或经过某个寒冷的冬季时，一些稀有的植物几乎无法生长，因此每处草原以及每个区域的生物多样性都是不同的。那么我们该如何对藏文文献中所提及的药材进行识别呢？自从药王山医学院开辟了实地调查这种传统之后，这项传统逐渐变成医学教育的一个重要组成部分。在一些家庭传统中，通过采集药材并将得到的药材知识世代相传是非常常见的。因此在不同地区，某种药材有其特定的称呼，而在另一个地区这个药可能有其他的名字。由于在藏医学中对药材命名的不规范性，因此想要对其进行准确识别是非常困难的，导致这种问题的另一个原因是藏医所涉及的范围非常广，喜马拉雅南部地区与西藏生物多样性的特征是非常不同的，甚至它与能够找到西伯利亚动植物的布里亚特地区也非常不同。另外，海拔又是造成这一个问题的另一个因素。例如，甘肃或者青海省内的海拔也是不尽相同的，因此不同地方的植物也不相同。

另外一个问题是，某一个特定的药材，在藏文中有不同的名称，而不同的名称又指不同的药材。同时随着时间的推移，不同药材的名称又会有所改变。

由于藏医传统文献所涉及的术语非常专业，因此只有具有丰富知识的学者或者具备丰富实际操作经验的学者，才能对这些配药进行熟练操作，这在西藏的药物制作中非常重要。在西藏的传统制药学中，由一种药物代替另外一种药物的历史非常悠久。尤其使用较便宜或者容易得到的药物来代替一些非常昂贵药物的情况也是较为普遍的。红花（གུར་གུམ）是解释这一现象的理想例子。我对关于藏药配方的书籍进行研究时发现，红花的确是广泛运用于藏药配置的一种药材，比如在土巴次仁（ཐུབ་པ་ཚེ་རིང）的文章中，红花的使用率是33.64%，大概占三分之一；达夏（ད་ཤ）的著作中，红花的使用率是53.05%；擦绒

（ཚ་རོང）的著作中，红花的使用率是47.57%。大多数情况下，它们所使用的名称都是红花（གུར་གུམ）。如果我们学习各种关于藏医典籍的话，就会发现同一个名称的药物有不同配方。红花的学名是番红花（ལི་བཀན་ཛེ），它的花蕊被称作藏红花，可以当作药材，同时也可以当作食物的香料。藏红花很珍贵，但是红花的花瓣因价格便宜，时常会被作为藏红花的替代品。红花是一种与藏红花长得非常相似的植物，它在许多地方都能够大量地生长。在少数的案例中，我们发现金盏花（ལི་བཀན），或其他类似红黄色的花朵被用作藏红花的替代物，因此有些人认为姜黄与红花也有一些联系。

以一般药材来代替稀有药材是藏医已久的传统，如在《蓝琉璃》的曼唐中，展示了红花以及可以代替它的其他药材，在这个例子中给出一些更明确的名称，比如克什米尔红花（ཁ་ཆེའི་གུར་གུམ）才是藏红花的准确学名。红花被称作尼泊尔红花（བལ་པོའི་གུར་གུམ），而藏地的金盏花被称作西藏红花（བོད་གུར་གུམ）。作为一名医师，需要准确了解在特定的情况下哪种药材可以作为替代物的有关信息。还有许多相似的例子，但是由于时间关系就不说了。我早期针对这个问题写过一篇论文。由于我收集到的信息太过庞杂，因此我决定建立一个网站（https://www.katharinasabernig.at/）对这些数据进行整理。在建这个数据库的过程中，我得到了奥地利社会基金会和柏林国立图书馆的共同资助，也对我提供了一些技术支持。现在大家都可以在这个网站搜索相关的药材知识。“论述部”的第二十章提到了超过380种的药材，在《蓝琉璃》的曼唐中对这些药材的颜色和种类进行了分类，记录了超过1250种之多的药材。我收集了由十八个不同出版社出版的关于药材知识的书籍，其中有以嘎瓦多吉（དགའ་བའི་རྡོ་རྗེ）为代表的藏族作家，也有印度和西方作家，还有布里亚特作家，这些著作能被找到很不容易，我刚介绍的这个网站仍然还在建造中，近期我在研究分析关于解剖学的知识发展。在不久的将来，关于解剖学的一些专业术语也能在这个数据库中找到。还有这个数据库网址，它是柏林国立图书馆“穿越亚洲”项目的一个子项目，大家可以通过 www. crossasia. org 这个网址找到，在上方的搜索栏中输入想要找寻的药物名称就能找到相应的结果，右边显示着这个数据库中所包含的与之相对应的所有出版物的信息。我真诚地希望这个数据库可以为每一个对藏医学感兴趣的人提供帮助，当然我们也需要考虑一些其他的方面，比如密名药物，或者属于保护动物的药物。

我在收集资料时发现，“དོམ་མཁྲིས”这个材料经常被提及，几乎每个出版的书籍当中都将这个药材翻译成“熊胆”，然而在实际操作中，熊胆几乎从来不被使用，其原因是它不仅非常昂贵，而且很难获取，因此它经常被在屠宰场就能轻易获取的材料，如牛胆或者是牦牛胆所替代，根据藏医典籍记载，它们的味道与其他特性与熊胆非常接近。同样，关于麝香的实际使用情况我不是很清楚，但是麝香经常被一些有相似味道的植物或者麝牛所替代。另一个药材“བསེ་རུ”，通常被译成犀牛角，只有乔治·罗列赫在他所编写的《英藏俄对照词典》中对其赋予了不同的定义，他说这有可能指的是西藏的一种独角羚羊或者是神话故事中的独角兽。大家在西藏见过自由奔驰的犀牛吗？我想应该没有。所以实际上犀牛是不会被用于实际配方中的，如果某个配方中提到犀牛角这个药材，配药的人应该明白，他应该使用牦牛角或者是水牛角。我们也可以说“བསེ་རུ”是象征力量和能力的隐喻性表达。另外，关于药材替代物的例子就是一种严禁用于治疗关节炎的药膏，它的配方写的是熊胆和克什米尔红花（ཁ་ཆེའི་གུར་གུམ），通过前文所提到的制药学的替代物，此配方中实际是应用牛胆和藏红花（བོད་གུར་གུམ）来取代。在西方的药理学中，牛胆本身就是肾上腺皮质酮的原材料，它至今为止还是轻热的药，对熊来说，取用牛胆而不是熊胆应该是一个好消息吧。

在药王城无量寿宫的图片中，许多药材都源自动物，比如熊胆、麝香，以及一些提取自大象腹中的石头，这些药材经常由另外一些具备与其相似药理特征的药材所替代，比如大象腹中的石头实际上是牛的胆结石，或者有时候被牛的胆结石所替代。如若想要了解藏医药理学知识，首先需要具备丰富的基础知识，同样获取藏医学位的要求也非常高。在配药时，不仅需要了解什么样的药材可以被另外一种药材所替代的有关信息，在其制作过程也有相应的要求和标准。例如“沃莫涩”（འོལ་མོ་སེ），在“论述部”中没有被提及，但是在之后药物学文献比如《晶珠本草》，或者降培多杰所写的《本草》中都有提及，这种药对妇科病有功效，因为它具备寒冷的特性，它应该被晾晒在阴面，而不能晒在阳光底下，因为太阳会减少它的寒冷特性，那怎么在阴面晒这个药材，而又不会使它腐烂呢？我们可以将这个药材切成片，然后在早上或者下午阳光不强烈的时候进行晾晒，因为这两个时间段太阳并不强烈。像这类问题就非常重要，因为在强烈的阳光下暴晒某种药材可能会破坏它的特性，或者是降低它的疗效。在使用现代化技术来制作传统藏药时，也会遇到相似的问题。比如，现代冻干技术对晒干某个药材非常有用，有时候通过这个技术，药物的保质期会变长，大多数传统医师认为针对具备凉性特征的药材使用这项技术是非常好的。但是那些具备热性特征药材的处理问题，藏族配药师还在探讨当中。藏医配药中，一旦你收集到所有药材，你就可以制作药物了，简单的药物由少量的药材所构成，然而有些时候一些特殊疾病的配方则需要超过 80 种药材，其中有些药材还非常昂贵，所以在这种时候，哪些药材可以被替代就显得尤为重要。尽管有些个人向病人售卖自己私配的药物，但是最近这些年藏药生产正在走向现代化以及工业化的进程，比如位于西宁的金河藏药公司，而且藏药也正在成为促进经济发展的因素之一，当然随之也会产生一些新的问题和新的方法。

好，今天的讲座就到此为止，希望我今天对藏医药理学的介绍能够对大家有所启发。感谢大家的聆听！

主持人：好，还有一点时间，如果同学们有问题，可以向教授请教。

问答环节

问：教授您好！我的第一个问题是：现在市场上，有些藏药的药性被夸大，比如，冬虫夏草本身具有滋补的药性功能，但是它被夸大之后，经市场炒作变成了一种很特殊的现象，我不知道您怎么看待这个现象？第二个问题是：您怎样看待在现代西方国家藏药产业和文化的生存困境？

答：冬虫夏草是最近这些年才开始流行起来的，比如在不丹，各个不同的季节都会采摘它，而且现在已经成为不丹人民收入的主要来源之一。在藏族传统医学上，有使用冬虫夏草的习惯，但并不常见。所以，应该是由最近市场炒作兴起的一种风尚。依我看，这是一种比较有趣的现象，也不能说它没有疗效，但是更多的可能是一种社会风气、社会风俗，就像好多人采摘蘑菇一样，能增加当地人的一些收入，更多是出于经济方面的考虑。

藏医学在西方其实还是非常流行的，但是它主要还是用于健康养生方面。对于它的治疗效果并不是很重视，因为藏医和藏药主要还是针对身体保健方面起一个养生的作用，并且在西方购买藏药也有困难。如果想要对藏药的理论进行学习来获取学位，在西方几乎是不可能的，像在奥地利，如果你想要获取医学学位，就必须要学习西方医学。这些可能是藏医遇到的一些困境，但是对前景我还是持比较乐观的态度，因为藏医的研究空间还是比较大的。

问：首先感谢老师今天的讲座，我有几个问题。第一个问题是：刚才您提到新宇妥·云丹贡布和旧宇妥·云丹贡布是同一个人。在传统藏学中，旧宇妥·云丹贡布是公元 8 世纪的人，而新宇妥·云丹贡布是 13 世纪的人，当今学术界对这两个人是不是同一个人也有争议，但是您认为他们是同一个人，老师您的具体依据是什么？第二个问题是：刚才您提到了关于藏医解剖学的一些问题，您认为藏医解剖学的起源是什么？我想老师您可能也见过藏医学的手术器械，那么您对藏医学的解剖、藏医的手术，还有这些手术器械的使用等问题有什么看法？第三个问题是：藏药中会用到很多矿物质，不知道老师在研究过程当中有没有对藏药矿物质进行过临床试验，从而证明它没有毒性，有益于身体？第四个问题是：藏医学中提到的“སོག་པོ་སྨན་པ”翻译成汉文是蒙古医生，但在吐蕃时期，对“སོག་པོ”的定义应该不是我们现在所讲的蒙古，所以在吐蕃时期的“སོག་པོ”大概指现在哪个地区呢？

答：首先关于第一个问题，其实这只是一个叫费南德梅耶的学者提出的观点，并没有说这是被确定下来的，它只是其中一个说法而已。关于第二个问题，首先藏医解剖学、手术这些源头问题，迄今为止还是不确定的，但是据我了解，这些解剖学实践有可能是在 11—12 世纪期间出现的，并且它可能与阿拉伯的文化有关系，但是这些理论至今还没有确定下来。其次，关于解剖学的器械，近些年来这些器械被展示出来，但其实际操作意义很难说，在百年前利用它们进行手术是非常困难的。然而，在 17 世纪洛桑曲扎成功地给五世达赖喇嘛进行了恢复视力的手术。在 17 世纪或是 17 世纪较前时期，西藏也有关于痔疮手术的记录。关于第三个问题矿物质在藏药制作中是常用的，几乎每个药材或多或少都包含矿物元素，其中有些矿物原料是有毒性的，比如铁、汞、金，但多数都是没有毒性的，使用较频繁。我自己没有进行过临床试验，但是这种类型的试验在中国进行较多。第四个关于“སོག་པོ་སྨན་པ”是不是蒙古医生是一个非常好的问题，但是很遗憾，我不能对其作出解答，原因是我的藏文水平有限。但据我所知“ཨེམ་ཆི”（大夫）这个词是由蒙古文或者土耳其文引入的。

问：老师您说藏医的手术器械是在 11 世纪或是 12 世纪出现的，可能跟阿拉伯的医学有关系，请问老师您的文献依据是什么？

答：关于这个观点，没有确切的文献依据，我之所以得出这个结论是因为在 10 世纪，巴基斯坦以及波斯等的解剖学理论和实际运用的成果是非常繁荣的，当时有一个叫阿皮色那的医生，他非常有名。在 10 世纪左右，巴基斯坦和波斯的文献被其他地区大量翻译，所以我认为可能与此有联系。

主持人：如果大家没有问题，我们今天晚上的讲座就告一段落。凯塔琳娜博士一直从事藏族传统医学的研究，她把藏医学跟其他医学相比较做了很多的研究，在一些国际学术论坛上也经常发表自己的研究成果。今天，我们有幸请她做讲座，让我们对藏族的传统医学和藏族医学研究这一知识领域有了一个更为清晰明确的认识，而这块领域恰巧也是我们的一个知识缺口。最后我们非常感谢凯塔琳娜博士的精彩讲座。

后 记

本书汇集了2010—2016年间通过“海外知名学者民大讲坛”项目来中央民族大学讲学的国外知名藏学专家之讲座实录。“海外知名学者民大讲坛”是中央民族大学深入实施“开放办学”战略和提高教育国际化水平的重要平台之一，是藏学研究院开展对外交流、加强学科合作的主要举措，为促进我校藏学学科的国际化建设，推动学科发展、师资建设和人才培养起到了显著作用。

国内历来重视海外藏学成果译介。为了较为全面、准确地向广大读者和藏学研究工作者高质量地呈现本书涉及的专业讲座，编者以高标准严把质量关，仔细核对音频，反复核实译文，规范统一术语，标注藏汉对译，切实负责每一篇讲座的数据整理、文字录入、文稿翻译、译文校对、修改润色等工作。讲座作为一种特殊的交际形式，其语言具有一定的特殊性。同时，由于主讲人的言语风格和表述习惯不尽相同，在确保译文自然流畅的前提下，本书在编辑过程中力求最大限度地再现每位主讲人的讲座风格和语言特征。

本书得益于中央民族大学多年来重视国际交流和加强教育国际化建设的战略举措，体现了藏学研究院依托学校优势特色学科提升学科国际化水平、推进教育教学国际化的工作成效。掩卷思量，饮水思源，本书从筹划、汇编到成册离不开学校的支持和学院的重视，才让太院长对本书给予高度重视，亲自部署、多次指导、通力协调，使我们的工作得以顺利开展；部分讲座翻译人员提供的译文极大地便利了我们的工作，为我们节省了时间、提高了效率。感谢参与文字录入和文稿翻译的同学们为本书提供的辛勤劳作，只有群策群力，才能匠心极致。最后，感谢中国藏学出版社使本书得以付梓出版，感谢本书责任编辑杜冰梅老师在出版安排和书稿修改工作方面的帮助与启发，以及丹珍央金老师对书中藏文与英文的审读与把关。希冀本书能够为增进中外学界之间的交流合作添砖加瓦、为新时代中国藏学事业的蓬勃发展锦上添花。

编 者

2022 年 4 月 10 日

图书在版编目（CIP）数据

藏学专家讲座精选．第一辑/增宝当周，杨毛措编．
—北京：中国藏学出版社，2023.6

ISBN 978-7-5211-0445-5

Ⅰ.①藏…　Ⅱ.①增…　②杨…　Ⅲ.①藏学-文集　Ⅳ.①K281.4-53

中国国家版本馆 CIP 数据核字（2023）第 114995 号

藏学专家讲座精选（第一辑）

增宝当周　杨毛措　编

责任编辑	杜冰梅　丹珍央金
封面设计	孟　龙
出版发行	中国藏学出版社
印　　刷	廊坊市佳艺印务有限公司
印　　次	2023 年 6 月第 1 版第 1 次印刷
开　　本	787×1092 毫米　1/16
印　　张	12
字　　数	161 千字
书　　号	ISBN 978-7-5211-0445-5
定　　价	36.00 元

图书若有印装质量问题，请与本社发行部联系
E-mail:dfhw64892902@126.com　　电话:010-64892902